KB234572

숫자, 도형, 확률, 논리 등 수학의 모든 것을 알아봐요.

마법의 숫자들

조니 볼 글/ 이소라 옮김

A Dorling Kindersely Book
www.dk.com

글쓴이 **조니 볼**

수학과 과학에 관한 어린이용 텔레비전 시리즈를 20년 이상 진행하고 있어요. 가장 잘 알려진 프로그램은 BBC에서 방송된 「*Think of a Number*」이고, 그 외에도 「*Think Again*」과 「*Johnny Ball Reveals All*」 등 많은 텔레비전 프로그램을 진행했어요. 또한 유아들을 위한 교육 프로그램 「플레이스쿨」을 이끌어가고 있어요. 「*Think*」 시리즈는 에미 상에 노미네이트되었고, 영국 영화 · 텔레비전 예술 협회상 외에도 10개의 상을 받았어요. 아무도 수학을 이렇게 쉽고 재미있게 설명할 수 없을 거예요.

옮긴이 **이소라**

중앙대학교 수학과를 졸업하고 현재 수학문화연구소에서 연구 책임자로 일하고 있어요. 웅진 수학 동화를 기획, 집필 하기도 했지요. 아이들이 자연스럽게 수학의 개념과 용어들을 익히고, 수학이 즐겁고 재미난 것으로 기억하길 바라는 마음으로 「수학은 재밌어」 시리즈를 썼어요.

마법의 숫자들

1판 1쇄 펴냄—2005년 12월 15일, 1판 3쇄 펴냄—2012년 6월 30일
지은이 조니 볼 옮긴이 이소라 펴낸이 박상희
펴낸곳 (주)비룡소 출판등록 1994. 3. 17.(제16-849호)
주소 135-887 서울시 강남구 신사동 506 강남출판문화센터 4층
전화 영업(통신판매) 02)515-2000(내선 1) 팩스 02)515-2007 편집 02)3443-4318,9
홈페이지 www.bir.co.kr

THINK OF A NUMBER
by Johnny Ball

ISBN 978-89-491-5182-3 74410

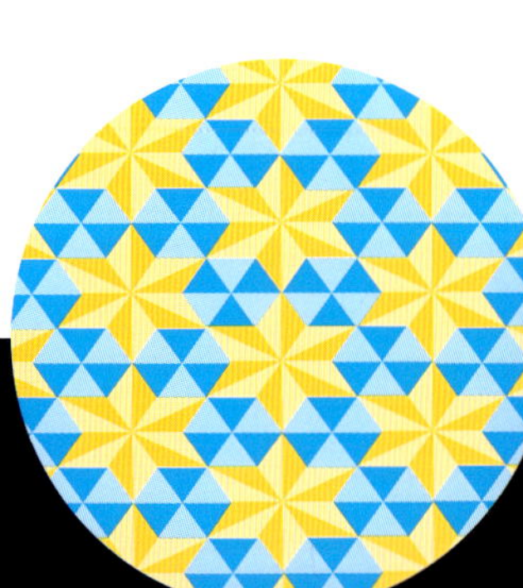

학생 때 난 수학을 잘하지 못했어요. 하지만 수학을 사랑했죠.
학교를 졸업하고도 난 여전히 수학에 대해 더 많은 것을 알고 싶었어요.
결국 수학이 내 인생의 취미가 되었어요. 난 수학과 수학에 관련된 모든 것들을 사랑해요.

우리가 하는 일은 모두 수학에 의존하고 있어요.
수학을 이용하여 물건을 세거나 재거나 계산하며, 미래의 일을 예측하거나,
어떤 일들을 설명하거나 계획하고, 여러 종류의 문제를 풀 수 있죠.

수학에는 여러분이 들어 보지도 못한 여러 분야가 있어요.
이 책에서 여러 설명과 놀이를 통해 수학의 여러 분야를 알아봐요.
우리가 알고 있는 분야 외에도, 지금 이 글을 읽는 동안에 누군가가
완전히 새로운 수학 분야를 발견할지도 몰라요.

자, 이제 수학의 불가사의하고 놀라운 세계로 함께 여행을 떠나요.
이 책에는 마법 놀이와 미로에서부터 여러분이 스스로 해결하고,
만들어 보는 것까지 수학과 관련된 흥미진진한 것들이 들어 있어요.
먼저 수에 관한 것부터 출발해 봐요.

그럼 수학 여행을 떠나 볼까요?

차례

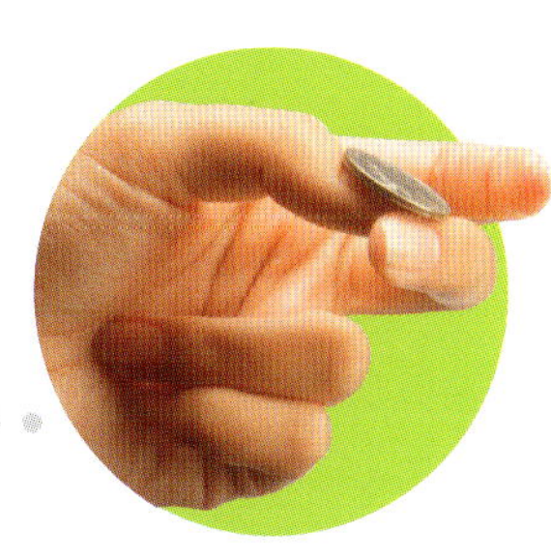

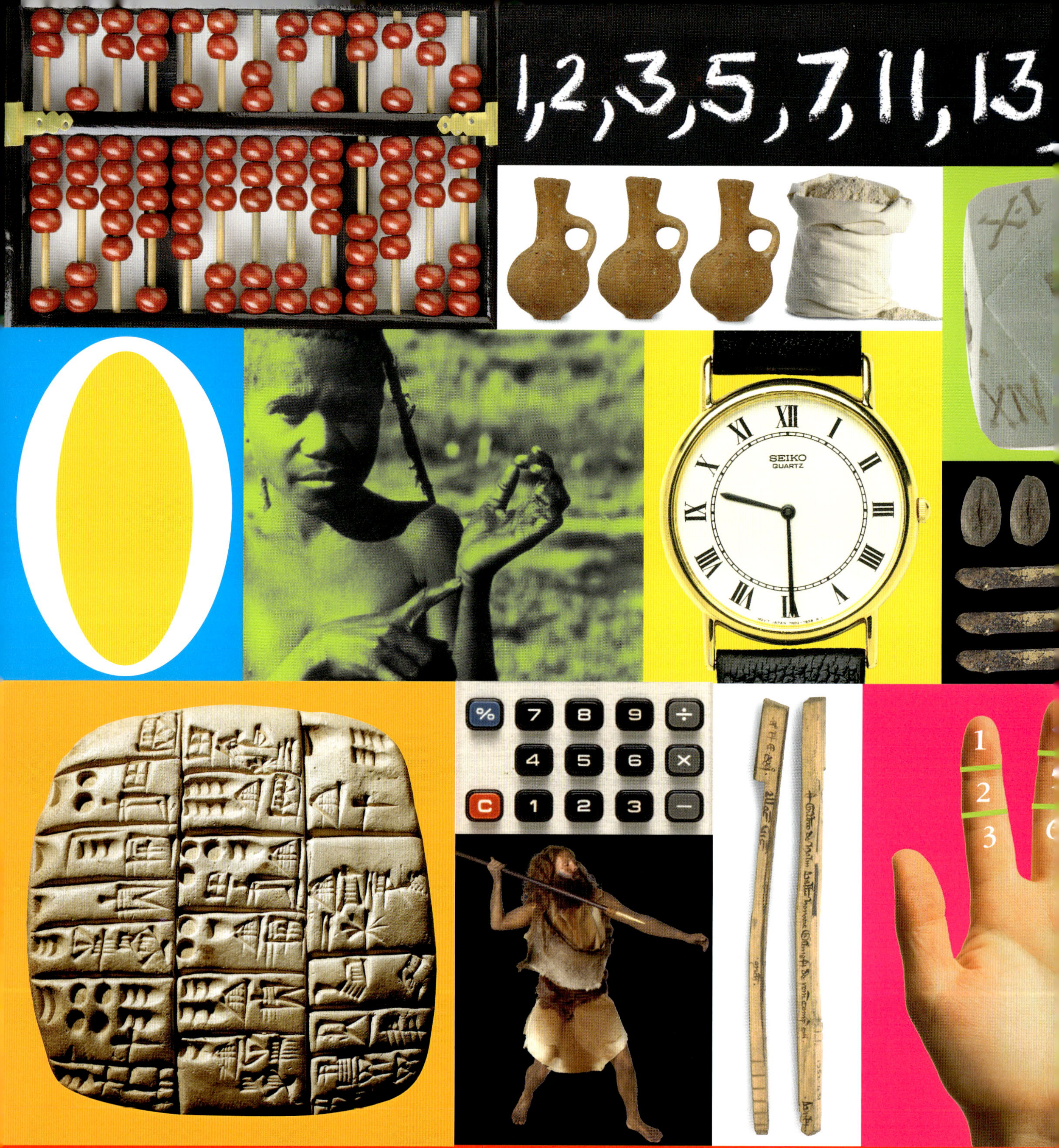

수는 어디서 왔을까?

우리는 수로 둘러싸여 있어요.
수들은 우리를 여러 가지로 도와주죠.
우리는 수를 셈하는 것이 아니라, 수로써 셈을 해요.
수가 없으면 시간이나 날짜를 알 수 없어요.
물건을 살 수도 없고, 물건을 얼마나 샀는지 알 수 없으며,
필요한 양이 얼마나 되는지 말할 수도 없어요.

그래서 수가 발명되어야만 했어요.

지금 우리가 사용하는 편리한 수 체계가
탄생하기까지는 아주 오랜 시간이 걸렸어요.
그리고 그 속에는
여러 가지 흥미로운 이야기가 가득하지요.

오늘날 수들은 어디서나 발견되고,
모든 일에 활용돼요. 만약 수가 없다면,
우리는 이 세상을 어떻게 살았을까요?
상상이 가나요?

가격
●●●●●●●●●●
이만큼 많은 동전들

세계의

날짜 : 늦은 여름이지만 아직 가을은 아님

엄청난 사람들이 복권에 당첨되다

잭 포터 기자

토요일에 방송된 복권 생방송 추첨에서 당첨된 공은 빨강, 빨강, 파랑, 노랑, 노랑 그리고 하양이었습니다.

복권에 당첨된 엄청나게 많은 사람들이 토요일에 복권 본사에 몰려와서 상금을 요구하였습니다. 복권 본사가 있는 도시의 곳곳은 지금 상금을 받으려고 몰려온 사람들로 가득 찼습니다.

최근 복권 기금은 여러 채의 집을 꽉 채울 정도로 많으며, 그 기금은 다 없어질 때까지 한 컵씩 담아서 나누어 줄 예정입니다.

위 사진은 여러 명의 최고 당첨금 수상자 중 골드 스마일 씨입니다.

아이를 많이 낳은 여성

샐리 암스트롱 기자

어떤 인도 여성이 아이를 많이 낳아 화제가 되고 있습니다.
아이들은 작은 파인애플 크기만 하며, 의사들은 아이들이 모두 건강하다고 말합니다.
일반적으로 여성들은 한 번에 한 아이만을 낳습니다. 때때로 여성들은 한 아기와 또 한 아기를 낳거나, 어떤 여성들은 한 아기와 또 한 아기와 또 한 아기를 낳기도 합니다.
하지만 이 인도 여성은 한꺼번에 한 아기와 또 한 아기와 또 한 아기와 또 한 아기와 또 한 아기와 또 한 아기를 낳았습니다.

축구단이 아주 많은

뉴스

텔레비전 방송 편성표는

마지막 쪽 앞의 앞의 앞쪽에 있습니다.

세계의 날씨

윈디 구스트 기자

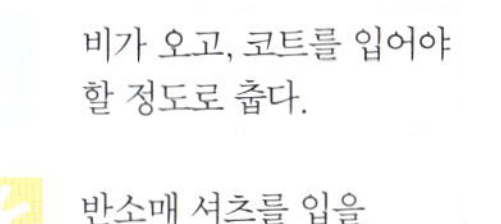

런던	햇빛이 비치지만 특별히 덥지는 않다.	상파울루	많은 양의 물을 마실 만큼 무덥다.
파리	비가 오고, 코트를 입어야 할 정도로 춥다.	델리	습기가 많고 따뜻하지만, 그리 따뜻하지는 않다.
뉴욕	반소매 셔츠를 입을 정도로 뜨겁다	시드니	긴소매 셔츠를 입을 정도로 차갑고 흐리다
뮌헨	두꺼운 모자를 쓸 정도로 춥다.	서울	비가 많이 올 것이므로 우산을 준비해야 한다.

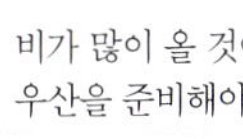

골을 넣다

존 볼 기자

월드컵 축구 경기에서 영국 팀이 승리했습니다. 어제 지금 이 정도의 시각이 되기 전에, 영국 팀은 여러 골을 넣어서 브라질을 물리쳤습니다. 영국 팀은 베컴이 멋지게 골을 넣은 후부터 주도권을 잡았습니다. 베컴은 경기장의 중간 지점 뒤에서 계속해서 골을 넣었습니다. 이날 경기장에는 '땅이 꺼지지 않을 만큼 많은' 관중들이 왔습니다.

축구 결과

스페인 : 골을 많이 넣었다.
이탈리아 : 그렇게 많이 넣지는 못했다.

콜롬비아 : 골을 넣지 못했다.
나이지리아 : 골을 약간 넣었다.

멕시코 : 골을 아주 많이 넣었다.
스웨덴 : 더 많은 골을 넣었다.

기사 계속

인도의 아기들
— 그리고 또 한 명의 아기

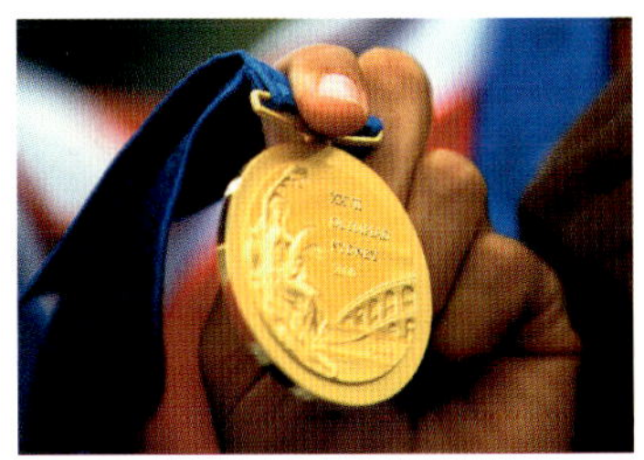

금메달은 이보르 스프링레그와 해리 푸트에게 돌아갔습니다.

육상 경기에서 금메달을 획득하다

소냐 막스 기자

이보르 스프링레그는 어제 올림픽 육상 경기의 장대높이뛰기 종목에서 금메달을 획득했습니다. 그는 이전 기록보다 약간 더 높이 뛰어서 이전의 기록을 깼습니다.

또한 중간 크기의 경기장을 가로지르는 단거리 달리기 종목에서 해리 푸트가 세계 기록을 깨고 금메달을 땄습니다. 은메달은 지미 크리켓에게 돌아갔습니다. 그는 해리 푸트와 아주 조금의 차이로 들어왔습니다. 노련한 선수인 크리켓은 지금까지 여러 올림픽에 참가하여 꽤 많은 메달을 땄습니다.

어떻게 수를 세기 시작했을까?

사람들은 분명히 손을 이용해서 수를 세기 시작했을 거예요. 우리는 손가락이 열 개이기 때문에, 10을 기본수로 하는 수 감각을 가졌어요. 이 때문에 오늘날의 수 체계는 십진법으로 이루어진 거예요.

왜 손을 사용할까?

수를 세는 말이 만들어지기 전에도, 사람들은 손가락을 이용해서 쉽게 수를 셌어요. 손가락을 하나씩 꼽으며 수를 세면 얼마나 되는지 알 수 있어요. 또 손가락 몇 개를 세워 들면, 다른 사람들에게 수를 알려 줄 수 있지요. 영어로 숫자를 나타내는 말 디지트(digit)는 손가락을 나타내는 라틴어에서 따온 거예요.

10을 기본수로 한다?

우리는 10을 기본수로 해서 수를 세요. 한마디로 십씩 묶어 세어 나가죠. 그렇게 해야만 하는 수학적인 이유는 없어요. 그저 우리 손가락이 열 개이기 때문이죠. 만약 손가락이 여덟 개인 외계인이 있다면, 8을 기본수로 해서 수를 셀 거예요.

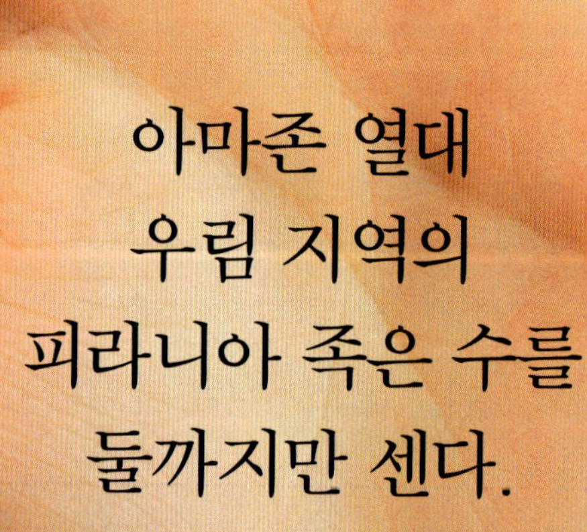

아마존 열대
우림 지역의
피라니아 족은 수를
둘까지만 센다.

석기 시대 사람들도 수를 셌을까?

사람들은 농사를 짓기 전에는 수를 셀 필요를 느끼지 않았어요. 그때그때 필요한 만큼만 동물을 잡거나, 식물을 모으면 됐거든요. 저장을 하거나 팔기 위해서 남겨 두지 않았기 때문에 수를 셀 필요가 없었지요. 하지만 하늘에 떠 있는 태양이나 달, 별들을 보면서 점차 시간에 대한 감각을 가졌을 거예요.

만약 사람의 손가락이 여덟 개뿐이라면, 아마도 8을 기본수로 해서 수를 세었을 거예요.

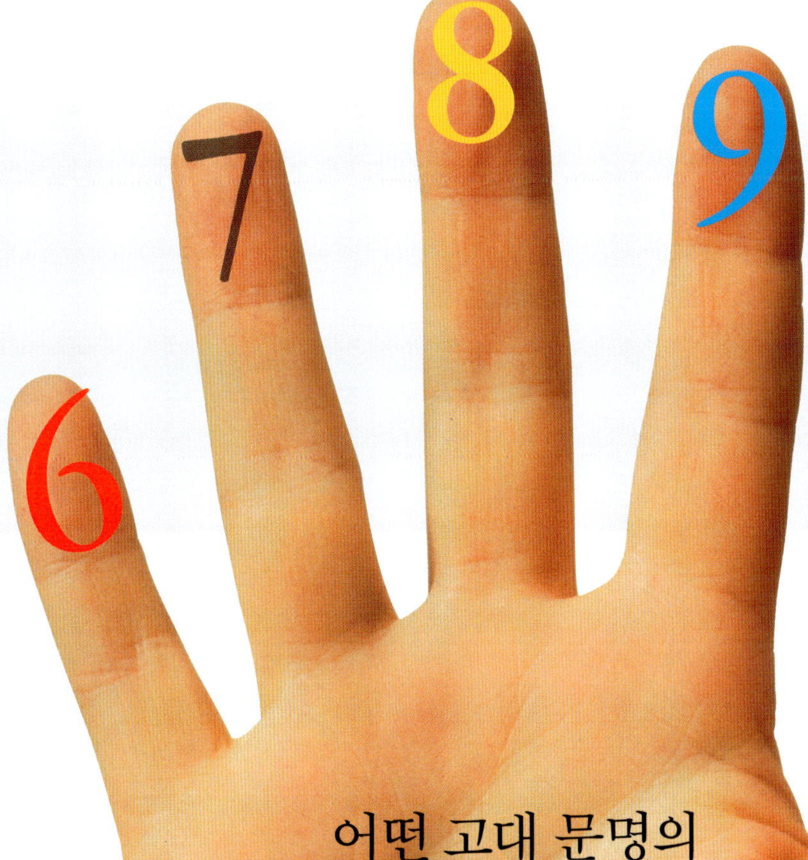

어떤 고대 문명의 사람들은 손을 이용해 5를 기본수로 해서 수를 셌어요.

모든 사람들이 수를 셀 수 있을까?

아마존의 열대 우림 지역에 사는 피라니아 족은 수를 둘까지만 세고, 이보다 큰 수는 모두 '많다' 라고 해요. 또 탄자니아에 있는 핫자 족은 셋까지만 셀 수 있어요. 이들은 모두 큰 수를 사용하지 않고도 잘 살아요. 그리고 그들에게 큰 수는 전혀 필요할 것 같지도 않아요.

왜 수를 세어야 할까?

중요한 이유 중 하나는 남에게 속지 않기 위해서예요. 여러분이 물고기를 열 마리 잡아서 친구에게 집에 가져다 놓아 달라고 부탁했다고 상상해 봐요. 우리가 수를 셀 수 없다면, 친구가 몇 마리를 훔쳐가도 전혀 알 수 없을 거예요.

수 세기는 어떤 가치가 있을까?

수를 세는 방법을 처음 발명했을 무렵에는, 아마도 사람들은 가치 있어 보이는 물건만을 셌을 거예요. 지금도 파푸아 뉴기니에 사는 욥노 족은 그물 가방이나 풀잎으로 만든 치마, 돼지 그리고 돈 같은 것만 세요. 날짜나 사람, 고구마나 땅콩 같은 것은 수를 세지 않아요.

몸으로 수를 셀 수 있어요

손과 발

파푸아 뉴기니 사람들에게는 수를 세는 방법이 적어도 900가지가 넘게 있어요. 여러 부족의 사람들이 손가락 수보다 많은 수를 셀 수 있고, 십을 기본수로 사용하지도 않아요. 어떤 부족은 손가락을 센 다음에 계속해서 발가락으로 세어요. 즉 20이 기본수예요.

따라서 10은 '두 손', 15는 '두 손과 한 발'이라고 말해요. 그리고 20은 한 사람의 두 손과 두 발을 모두 센 수라고 해서 '한 사람'이라고 해요.

머리와 어깨는 얼마?

파푸아 뉴기니의 파이올 족은 수를 셀 때 오른손 새끼손가락에서 출발해서 손목, 팔, 어깨, 가슴 그리고 얼굴의 각 부분을 지나 왼쪽 가슴, 어깨, 팔, 손목을 거쳐 왼손 새끼손가락에서 끝나요. 이렇게 몸의 각 부분을 이용하여 27까지의 수를 센답니다. 이때 몸의 각 부분의 이름이 바로 수를 세는 말이 되지요. 예를 들어서, 14는 '코'라고 말해요. 그럼 27보다 큰 수는 어떻게 세냐고요? 한 사람이 더 오면 되죠. 그러니까 40은 '한 사람(27)과 오른쪽 눈(13)'이에요.

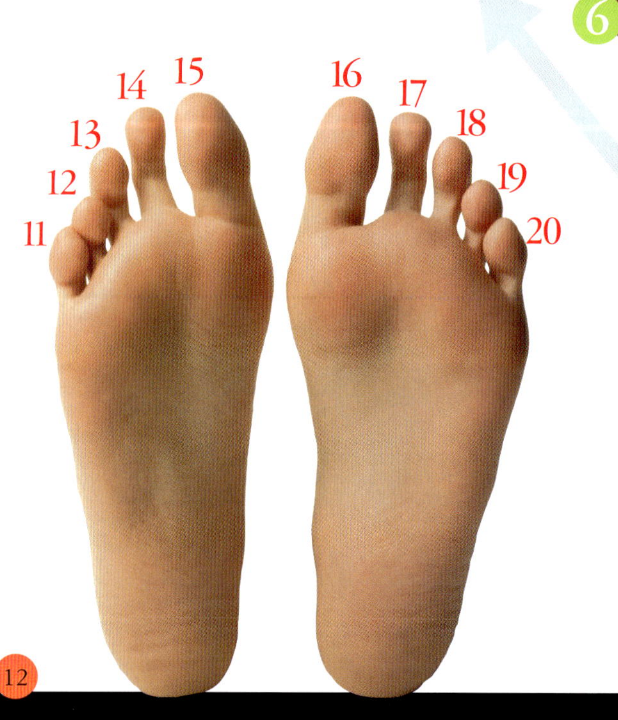

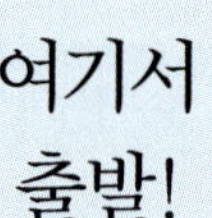

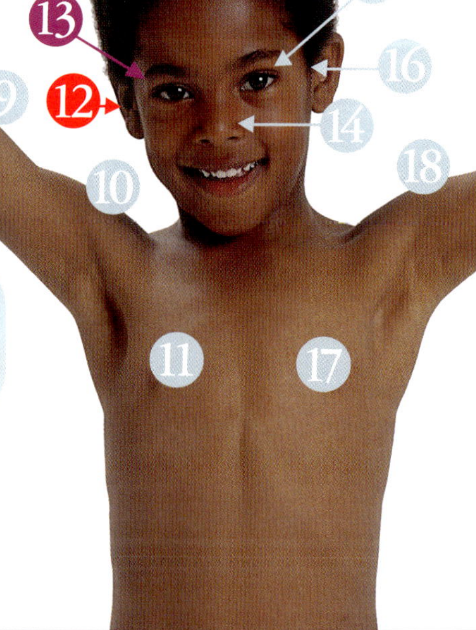

십까지의 수를 세는 데는 손가락을 이용하면 좋아요. 하지만 그보다 큰 수를 세려면 어떻게 해야 할까요? 오랜 역사에 걸쳐, 사람들은 손 외에도 몸의 다른 부분들을 사용해서 십이 넘는 수를 세는 여러 가지 방법을 발명했어요. 그리고 지금까지도 그런 방법을 사용하는 사람들이 있어요.

육십

약 5000년 전, 바빌로니아 사람들은 60을 기본수로 해서 수를 셌어요. 그들은 1년을 6×60으로 계산해서 360일로 나누었어요. 이 사람들이 손을 이용해서 어떻게 60까지 수를 셌는지는 정확히 알 수 없어요. 아마도 엄지손가락을 이용하여 검지부터 새끼손가락까지의 각 손가락 마디를 짚어가면서 수를 세었을 거예요. 그럼 모두 12가 돼요. 이렇게 12가 될 때마다 다른 손의 손가락을 새끼손가락부터 하나씩 접어요. 다섯 손가락을 모두 접으면, 60이지요. 바빌로니아 사람들은 시간의 단위인 '분'과 '초'도 발명했는데, 분과 초는 지금도 여전히 60을 단위로 나타내요.

점을 찍자!

수의 이름이 따로 없는 부족 사람들에게 몸을 이용해서 수를 세는 일은 아주 중요해요. 파푸아 뉴기니에 사는 바루가 족은 몸의 각 부분을 짚어 22까지의 수를 세요. 하지만 2, 3, 4, 19, 20과 21은 모두 똑같이 '손가락'이라고 불러요. 그러니까 그냥 손가락이라는 말만 하면 어떤 수를 말하는지 알 수가 없어요. 이런 혼란을 피하기 위해 이 수들을 말할 때는 그 수를 나타내는 손가락의 정확한 부분에 점을 찍어요.

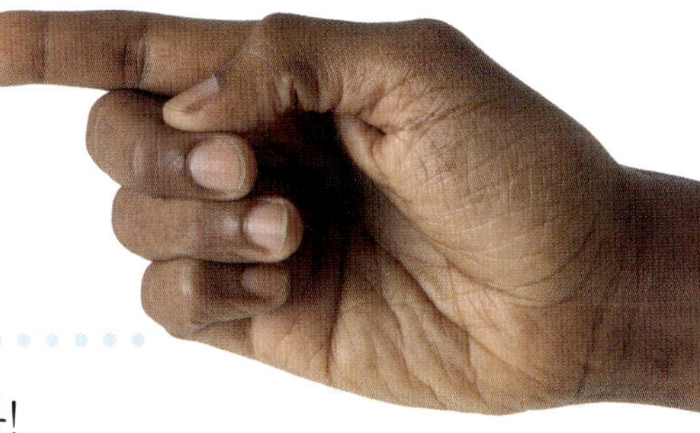

손가락 구구단 9단 정복!

손가락을 이용하면 구구단도 쉽게 할 수 있어요. 9단을 해 볼까요? 먼저, 손바닥을 위로 해서 두 손을 활짝 펴요. 왼손 엄지손가락부터 오른손 엄지손가락까지 차례로 1부터 10까지의 번호를 붙여요. 그리고 9에 곱한 수에 해당하는 번호의 손가락을 접어요. 예를 들어 9×7이라면, 아래 사진처럼 오른손의 약지를 접어요. 접은 손가락의 왼쪽에 있는 손가락 수 6을 십의 자리 숫자로, 오른쪽에 있는 손가락 수 3을 일의 자리 숫자로 하여 두 자리 수를 만들면 63이 되지요. 그러니까 9×7의 답은 63이에요.

기호의 발명

사람들은 수천 수백 년 동안 손을 이용해서 수를 세는 일에 불편을 느끼지 않았어요. 아주 간단한 수만 셀 수 있으면 됐으니까요. 하지만 약 6000년 전, 세상은 변했어요. 바빌로니아 사람들이 동물을 기르는 방법과 작물을 재배하는 방법을 알아내고는 농부가 되었거든요.

바빌로니아 숫자

약 6000년 전, 바빌로니아 농부들은 주고받은 물건의 수를 기록하기 위해 진흙 알을 만들었어요. 진흙 알은 여러 가지 모양으로 만들어졌는데, 저마다 다른 물건을 나타내요.

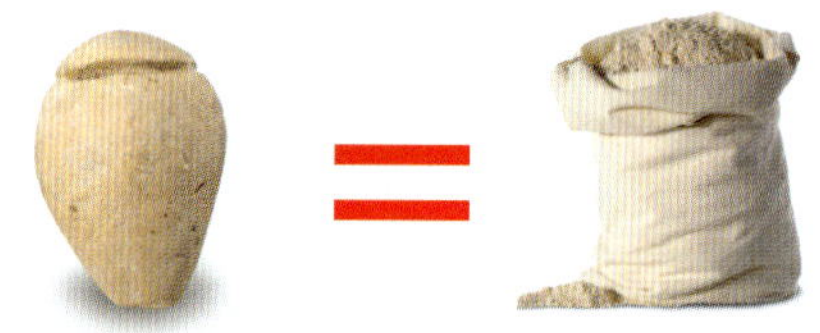

달걀 모양을 한 타원형은 밀 한 자루를 나타내요.

원 모양은 기름 한 병을 나타내고요. 그러니까 원 모양의 진흙 알 둘 또는 세 개를 기름 두 병 또는 세 병으로 바꿀 수 있었어요.

한 번 거래하는데 여러 가지 진흙 알을 여러 개 사용한 경우, 진흙 그릇 하나에 한꺼번에 넣어 두었어요. 그리고 안에 무엇이 있는지 한눈에 알 수 있도록, 그릇 겉에 기호를 새겨 두었죠. 그러자 누군가 똑똑한 사람이 진흙 그릇 대신 그냥 진흙 판을 만들어서 그 위에 기호로만 표시를 했어요. 진흙 알을 이용하는 번거로움을 없애 버린 것이죠. 이렇게 해서 기록하는 일이 발명된 거예요.

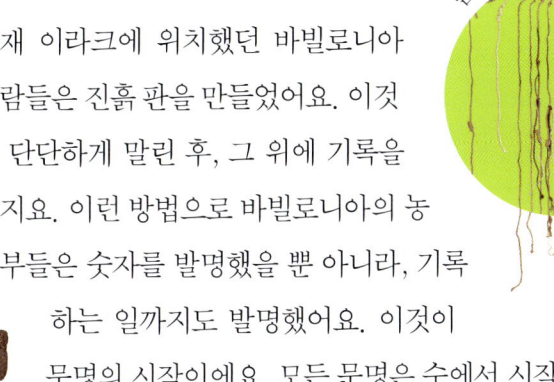

농업이 시작되자, 사람들은 물건을 사고팔았어요. 그러자 사람들은 각자 자기가 가진 재산과 팔고 산 것이 얼마나 되는지를 정확히 기억할 수 있어야만 했어요. 그렇지 않으면 서로 속일 수 있으니까요. 이 때문에 농부들은 기록을 하기 시작했어요. 나무토막이나 뼈 등에 눈금을 새기거나, 줄에 매듭을 지어 두었죠.

아프리카의 이샹고 뼈(눈금)

현재 이라크에 위치했던 바빌로니아 사람들은 진흙 판을 만들었어요. 이것을 단단하게 말린 후, 그 위에 기록을 했지요. 이런 방법으로 바빌로니아의 농부들은 숫자를 발명했을 뿐 아니라, 기록하는 일까지도 발명했어요. 이것이 문명의 시작이에요. 모든 문명은 수에서 시작되었어요.

남아메리카의 키푸(매듭)

처음 만들어진 기호는 진흙 알의 모양을 본뜬 것으로, 원이나 원뿔 모양이었어요. 그 후에 바빌로니아 사람들이 더 뾰족한 나무 연필을 만들 수 있게 되자, 기호는 작고 날카로운 쐐기 모양으로 바뀌었어요.

'하나' 를 나타내기 위해 오른쪽과 같은 기호를 만들었어요.

'아홉' 까지의 수는, '하나' 의 기호를 각각의 개수만큼 그려서 나타내었어요.

2는 3은 4는

10은 '하나' 의 기호를 옆으로 돌린 모양이에요. 그리고 60이 되자, 10의 기호를 다시 돌려 세워 '하나' 의 기호와 똑같은 모양이 되도록 했어요. 이런 방법으로 바빌로니아 사람들은 99까지의 수를 나타냈어요. 하나는 지만 한 번에 편하게 쓰기 위해 로 쓰기도 했어요.

= 99

60 30 9

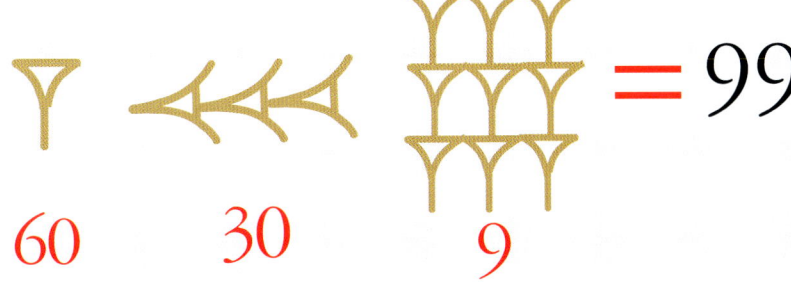

이집트 사람처럼 해 봐요

고대 이집트 사람들은 사하라 사막을 가로지르는 나일 강 주변의 녹색의 가는 띠처럼 생긴 땅을 경작했어요. 나일 강은 매년 여름이면 범람해서, 논밭과 수로를 덮어 버렸고, 이 때문에 해마다 논밭을 새로 구분해서 나타내야만 했어요. 그래서 이집트 사람들은 수를 셀 뿐만 아니라, 땅을 측정하고, 건물을 세우고, 시간을 계산하는 등 수학을 이용하는 측량과 천문학에 뛰어났어요.

시간이나 무게, 거리 등을 측정하기 위해서는 단위가 필요해요. 이집트 사람들은 사람의 몸을 이용해서 길이의 단위를 만들었어요. 지금도 키를 잴 때 '피트'를 사용하는 사람들이 있어요. '피트'는 발의 길이를 이용해서 만든 길이 단위랍니다.

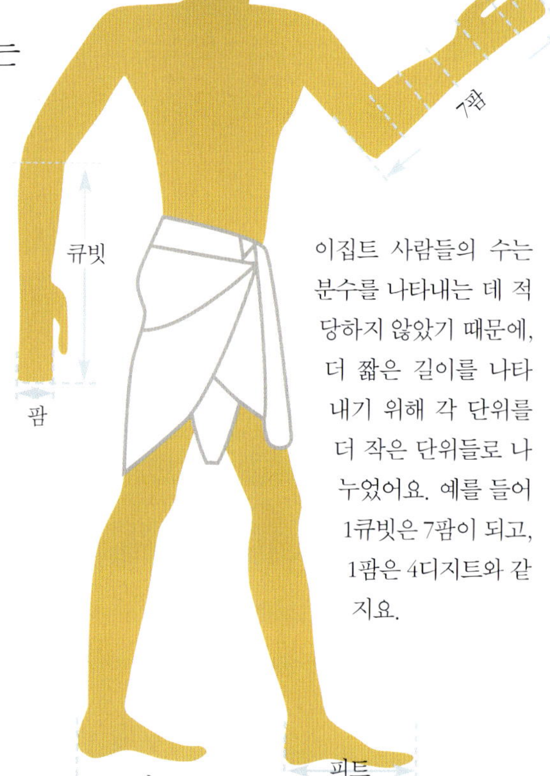

이집트 사람들의 수는 분수를 나타내는 데 적당하지 않았기 때문에, 더 짧은 길이를 나타내기 위해 각 단위를 더 작은 단위들로 나누었어요. 예를 들어 1큐빗은 7팜이 되고, 1팜은 4디지트와 같지요.

이집트 숫자

이집트 사람들은 10을 기본수로 해서 수를 세었어요. 숫자는 작은 그림이나 상형 문자로 나타냈어요. 1, 10, 100은 단순한 선으로, 1000은 연꽃 모양을, 일만은 손가락 모양, 십만은 개구리의 모습으로 나타냈어요. 그리고 백만은 신의 모습을 상징해요.

1
10
100
1000
10,000
100,000
1,000,000

이집트 사람들은 더 큰 수를 표시하기 위해 여러 가지 상형 문자를 만들었어요. 예를 들어 이집트 사람들은 1996을 아래 그림처럼 썼어요.

돌에 새길 때는 상형 문자를 사용했지만, 종이에 쓸 때는 다른 수 체계를 사용한 것을 알 수 있어요.

수학이 없었다면, 피라미드를 만들 수 없었을 거예요.

밑면의 둘레와 같은 원주를 갖는 원의 반지름이 바로 피라미드의 높이예요.

밑면의 둘레÷높이=2×원주율

높이×높이=한 옆면의 넓이

옆면의 길이÷밑면 길이의 반=황금 비율

이집트 사람들이 피라미드를 만들 수 있었던 건 수학적 기술이 있었기 때문이에요. 쿠푸 왕의 거대한 피라미드에는 놀라운 수학 지식이 들어 있어요. 피라미드에 쓰인 각각의 치수들은 신성한 수 원주율과 황금 비율로 짜여 있어요. 고대 그리스 수학자들은 이 수들을 신비하게 생각했어요. (원주율과 황금 비율에 대해 자세히 알고 싶으면 36쪽과 44쪽을 봐요.)

하지만 이집트 사람들이 실제로 이런 수를 고려해서 피라미드를 건축하지는 않았을 거예요. 만약 실제로 이 수들을 의도적으로 사용해서 피라미드를 만들었다면, 이집트 수학은 정말 아주 우수한 수준이었다고 볼 수 있어요.

쿠푸 왕의 피라미드를 만들기 위해서 길이가 2미터인 벽돌 200만 개가 쓰였는데, 이것은 이집트에서 북극까지 벽을 쌓기에 충분한 양이에요. 1895년에 에펠탑이 만들어질 때까지, 쿠푸 왕의 피라미드는 3500년 동안 세계에서 가장 크고 높은 건축물이었어요.

시간 다루기

나일 강이 범람하는 시기를 아는 일은 이집트 농부들에게는 죽느냐 사느냐가 걸린 중대한 일이었어요. 이 때문에 날짜를 세는 법을 익히고, 주의 깊게 관찰해서 날짜를 정하게 되었지요. 이집트 사람들은 달력으로 달과 별을 이용했고, 여름밤에 시리우스가 뜰 때, 나일 강이 범람한다는 사실을 알았어요. 그 다음의 새 달은 이집트의 새로운 해의 시작이었어요.

또한 해와 별도 시계로 이용했어요. 밤과 낮을 각각 12시간씩 나누고, 계절과 시간의 길이를 생각했어요. 우리가 하루에 24시간을 가지게 된 것은 이집트 사람들 덕분이에요.

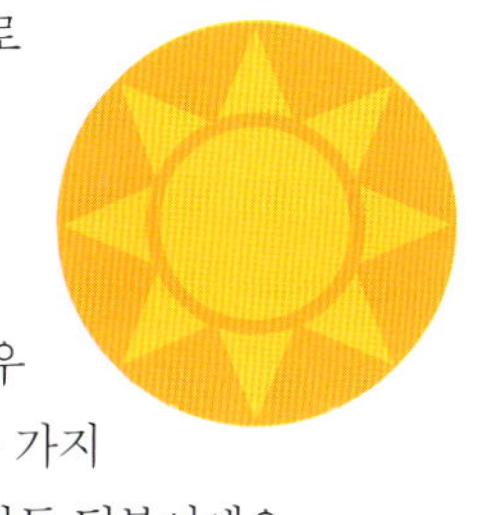

기원전 3000~1000년

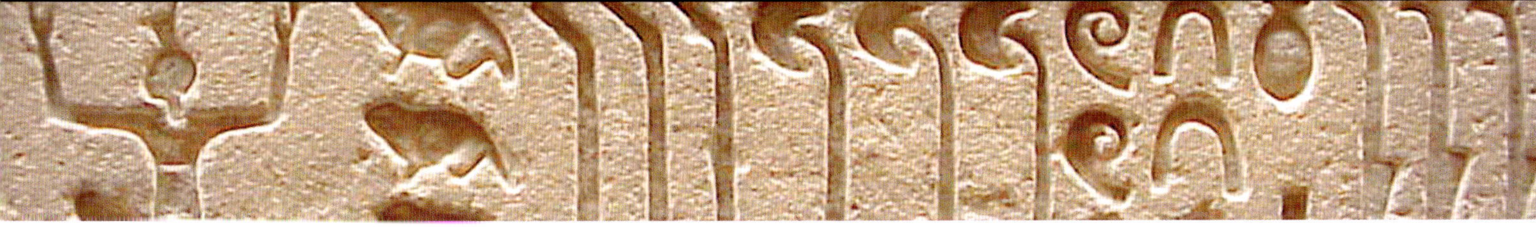

이집트 숫자로 더하거나 빼는 데는 문제가 없어요. 하지만 곱하는 데는 어려움이 있어요.

이집트 사람들은 2를 곱하는 곱셈만 할 수 있었어요. 그래서 답을 구할 때, 2를 계속해서 곱해 가는 독창적인 방법을 생각해 냈어요. 여러분도 한번 해 보세요.

13×23의 값을 구하려면, 왼쪽 줄과 오른쪽 줄로 따로 수를 쓸 자리가 필요해요. 왼쪽 줄에는 1, 2, 4,…와 같이 계속해서 위의 수에 2를 곱해서 그 수의 합이 13보다 커질 때까지 써 나가요. 오른쪽 줄에는 곱하는 수 23에서 시작해서 왼쪽 줄과 같이 위의 수에 2를 곱한 수를 써 나가요. 그리고 왼쪽 줄에 적힌 수 중에서, 합해서 13이 되는 수(8+4+1)를 찾고, 이외의 수들은 지워 버려요. 이제 그 줄에 대응하는 오른쪽 줄의 수도 지워 버리고, 오른쪽 줄에 남은 수들을 더해요.

13	×	23
1		23
~~2~~		~~46~~
4		92
8		184 +
13		299

마야 숫자

마야 사람들 역시 농업을 시작하면서 수를 기록하는 방법을 발명했어요. 마야 사람들은 이집트 사람들보다 더 우수한 수 체계를 만들었어요. 그들은 날짜의 주기를 완벽하게 알아 1년을 365.242일이라고 계산했어요. 또 20을 기본수로 해서 수를 셌는데, 아마도 손가락과 발가락을 모두 사용했을 거예요. 그들이 사용한 숫자는 씨, 막대, 조개껍데기처럼 보이는데, 옛날식 주판으로 사용했을지도 몰라요.

1
2
3
4
5

1에서 4까지의 기호는 마치 카카오 씨나 조약돌처럼 보이고, 5는 나무 막대처럼 보여요.

나무 막대와 씨 모양을 여러 개 이용해서 19까지의 수를 만들어요. 18은 오른쪽과 같이 나타냈어요. 20부터는 층을 달리해서 기록했어요.

로마 숫자

로마 사람들의 수는 로마 제국 시대에 유럽을 거쳐서 널리 퍼졌어요. 로마 사람들은 10을 기본수로 해서 수를 세었고, 숫자를 문자로 기록했어요. 이 숫자는 2000년 동안 유럽 사람들이 수를 기록하는 데 주로 사용되었어요. 오늘날에도 시계 판에서 로마 숫자를 찾아볼 수 있어요. 또 왕족의 이름(엘리자베스 II 여왕)이나, (i), (ii), (iii)처럼 책에서 번호를 붙일 때 사용한 것을 볼 수 있어요.

대부분의 수 기록 체계와 마찬가지로 로마 숫자도 눈금을 새기는 것에서 출발했어요.

1은 I 2는 II 3은 III

큰 수를 기록하기 위해서 새로운 문자를 이용했어요.

서기 250~900년

우리는 숫자를 쓸 때 가로로 써요. 하지만 마야 사람들은 숫자를 세로로 썼어요. 바닥층에는 19까지의 수를 나타내요. 그 위층은 이십 단위의 숫자를 적어요. 또 그 위층은 400단위의 숫자를 쓰지요. 예를 들어서, 421을 마야 숫자로 쓰면 오른쪽과 같아요.

조개껍데기는 0을 나타낸다.
그래서 418은 다음과 같이 나타낸다.

마야 인들의 숫자는 덧셈을 하는 데 편리해요. 그냥 각 층끼리 씨와 막대의 수를 더하면 돼요. 예를 들어서, 418+2040은 오른쪽과 같아요.

400의 자리

20의 자리

1의 자리

기원전 500년~서기 1500년

왼쪽으로 갈수록 큰 수를 나타내는 숫자를 적어요. 이것을 모두 더하면 나타내려던 수가 되지요. 표기 방법 자체는 단순하지만 큰 수를 기록하려면 길게 써야 하기 때문에 번거로웠죠.

49를 쓰려면 9개의 문자가 필요해요.

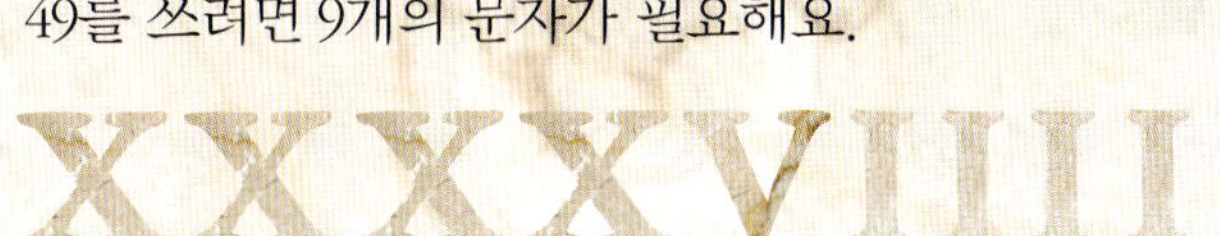

보다 간단하게 기록하기 위해 숫자 자체에 덧셈, 뺄셈의 의미가 포함된 숫자를 발명했어요. 예를 들어, 4를 IIII라고 쓰는 대신, IV라고 썼어요. IV의 오른쪽 수인 V(5)에서 왼쪽 수인 I(1)을 빼면 IV(4)가 되지요. 하지만 모든 사람이 이런 규칙을 따른 것은 아니에요. 오늘날에도 시계 판에서 9는 이런 규칙에 따라 IX라고 썼지만, 4는 그냥 IIII라고 적은 것을 볼 수 있어요.

로마 숫자로는 곱셈과 나눗셈뿐 아니라, 덧셈 조차도 어려워요. 오른쪽은 123×165를 계산한 거예요.

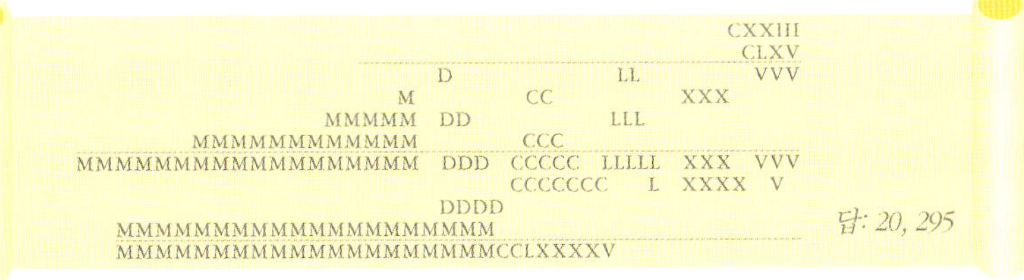

이런 이유로 사실 로마 숫자는 몇 년 동안 수학의 발전을 방해했어요.
아주 쉽게 수를 셈할 수 있는 인도의 숫자가 들어와서야 비로소 수학이 도약할 수 있었어요.

인도 숫자

고대에는 계산을 하는 가장 좋은 방법이 돌이나 구슬을 줄에 끼워서 만든 주판을 사용하는 것이었어요. 그러나 약 1500년 전에 인도 사람들은 더 좋은 생각을 해 냈어요. '자리 체계'를 발명한 거예요. 수를 쓸 때, 주판의 각 줄에 맞춰서 기호를 쓰는 방법이지요. 드디어 주판을 사용하지 않고 숫자만을 써서 계산을 할 수 있게 되었어요. 이때, 주판의 빈 줄을 나타내는 기호가 필요하게 되었고 인도 사람들은 '영'을 발명했어요. 이것은 정말 천재적인 발상이에요. 이렇게 만들어진 새로운 숫자는 아시아에서 유럽으로 퍼져나갔어요. 그리고 오늘날 우리가 사용하는 수가 되었답니다.

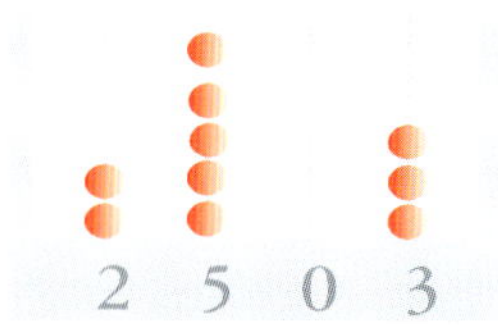

다른 숫자 체계와 달리 인도 숫자는 단지 10개뿐이에요. 정말 놀라울 정도로 단순하게 만들어져 있지요. 이 기호들이 이곳저곳으로 퍼져나가면서, 오랜 세월 동안 모양이 약간씩 바뀌었어요. 그리고 지금 우리가 사용하는 현대 숫자의 모양이 되었지요.

기원전 300년 ~ 서기 400년	서기 400년 ~ 600년	서기 700년 ~ 1100년	서기 900년 ~ 1200년	16세기

유럽 1200년부터 지금까지

인도 숫자가 계산을 하는 데 아주 유용하다는 것을 알게 된 유럽 사람들은 로마 숫자 대신 인도 숫자를 사용했어요. 이 새로운 숫자는 현대 과학이 탄생한 역사적 시기인 르네상스 혹은 '배움의 시대'를 열었어요.

영국 서기 1100년

영국의 한 수도사가 아라비아 사람으로 변장하고 북아프리카를 방문했어요. 그는 알 콰리즈미의 책을 번역했고, '영(0)'을 가지고 영국으로 돌아왔어요. 하지만 그는 오직 다른 수도사들에게만 이것을 알려 주었어요.

북아프리카 서기 1200년

북아프리카의 아라비아 국가를 방문한 이탈리아 상인들은 인도 숫자를 가지고 돌아왔어요. 이탈리아 사람인 피보나치는 1202년에 『주판의 책』에서 인도 숫자가 어떻게 쓰이는지 설명했어요. 이 책을 통해서 인도 숫자 체계가 이탈리아에 퍼졌어요.

기원전 200년부터 지금까지

인도 사람들은 숫자를 야자 잎 위에 잉크로 써서 남겼어요. 처음에는 선들을 이어서 구불구불한 모양으로 썼어요. 그런데 빨리 쓰다 보니까, 연결된 선들이 자연스럽게 보이게 되었죠.

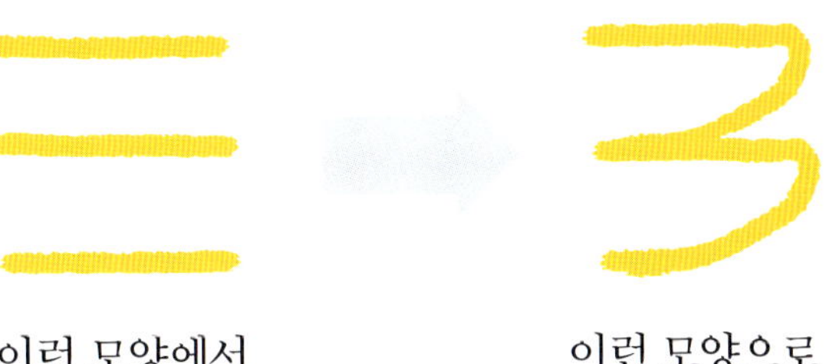

이런 모양에서 이런 모양으로 이렇게

'영(0)' 이 유럽에 가다

바그다드 서기 800년

새로 세워진 이슬람 왕국의 중심지인 바그다드에 인도 숫자 체계와 영이 퍼졌어요. 알 콰리즈미라는 사람이 수학에 관한 책을 썼는데, 그 덕분에 세계 곳곳으로 인도 숫자 체계와 영이 퍼졌어요. 산술이란 뜻의 영어 '아리스메틱(Arithmetic)' 과 연산이란 뜻의 영어 '알고리듬(Algorithm)' 은 '알 콰리즈미(Al Khwarizmi)' 의 이름에서 나온 말이에요.

이 숫자들은 아라비아 세계를 통해 유럽으로 퍼졌어요. 그래서 현대 숫자를 인도 숫자라고 하지 않고, 아라비아 숫자라고 부른답니다.

바그다드

인도

인도 기원전 200년에서 서기 600년

인도의 수학자들은 이미 기원전 300년 초에 1에서 9까지의 기호를 사용했어요. 그리고 서기 600년까지 자리 체계와 영을 발명했지요.

아프리카를 가로지른 이슬람 왕국에 인도 숫자 체계와 영이 퍼져 있었어요.

낙타나 배로 이동하는 상인들은 인도 숫자 체계를 서쪽으로 가지고 갔어요.

정말 아무것도 없다?

'영'이 항상 아무것도 없는 것을 의미하는 것은 아니에요. 만약 어떤 수의 끝에 영을 하나 더 넣는다면, 10을 곱한 값을 뜻해요. 각 숫자가 적힌 위치에 따라 각각의 자리값이 달라지는 '자리 체계'를 사용하기 때문이에요. 예를 들어서, 123은 백이 1이고, 십이 2이고, 일이 3인 수예요. 자리값에 따라 숫자를 쓸 때, 빈 자리를 채우기 위해서 영이 필요해요. 그렇지 않으면 11과 101을 구별할 수 없을 거예요.

이상한 행동을 하는 수

친구에게 다음과 같은 문제를 내 보세요.

1×2×3×4×5×6×7×8×9×0?

답은 물론 영이에요. 하지만 이 문제를 대충 본다면, 큰 수를 곱해야 하는 어려운 계산처럼 생각돼요. 0을 곱하는 곱셈은 쉬워요. 하지만 0으로 나누는 나눗셈은 할 수가 없어요. 만약 0으로 나누는 나눗셈을 계산기로 한다면, 계산기의 화면에는 '무한' 또는 '오류'라는 말이 뜰 거예요.

0으로 나누는 것은 불가능해요.
예를 들어 볼까요.

$$1 \times 0 = 0$$

이 식의 양변을 0으로 나눈다면, 다음과 같이 돼요.

$$1 = 0 \div 0$$

그럼 다음과 같은 식이 있다고 하면,

$$2 \times 0 = 0$$

양변을 0으로 나누면, 다음과 같이 되지요.

$$2 = 0 \div 0$$

결국 1과 2는 같다는 결과가 돼요.

$$1 = 2$$

이것은 불가능해요. 도대체 뭐가 잘못된 것일까요? 답은 '0으로 나눌 수 없다.'예요. '6은 2의 몇 배인가'를 생각하는 일은 분명히 의미가 있어요. 하지만 '6은 아무것도 없는 것의 몇 배인가'를 생각하는 일은 의미가 없어요.

새 천 년의 시작

'영'은 약 1500년 전에 발명되었어요. 그리고 몇 세기 동안 사용되었지만, 여전히 골치 아픈 수예요. 1999년의 마지막 날, 그러니까 새해 전날 우리는 새 천 년의 시작을 축하했죠. 하지만 해를 세는 데는 '영'을 넣지 않기 때문에, 성급하게 새 천 년의 시작을 축하한 셈이에요. 진정한 새 천 년과 21세기는 사실 2000년 1월 1일이 아니고, 2001년 1월 1일에 시작되거든요.

아무것도 없는 것의 역사

기원전 2000년

4000년 전 바빌로니아 사람들이 진흙 판에 새긴 쐐기 기호들을 보면, 기호 사이에 작은 간격이 있는 것을 볼 수 있어요. 이것은 영을 의미하죠. 하지만 그 간격을 숫자로 생각하지는 않았어요.

바빌로니아

인도

기원전 350년

고대 그리스 사람들은 수학에 매우 뛰어났어요. 하지만 그들은 영에 대해 생각하는 것을 꺼렸어요. 그리스 철학자 아리스토텔레스는 수를 0으로 나눌 때 값이 나오지 않는 것을 보고, 영을 법칙대로 움직이지 않는 수로 여겼어요.

서기 1년

로마 사람들은 그들의 계산 체계에서 '일'이 필요 없기 때문에 '영'도 필요 없다고 생각했어요. (어떤 사람들은 1을 무의미하다고 생각했어요. 왜냐하면 하나보다 많은 수의 물건에 대해서만 셀 필요를 느끼기 때문이에요.) 셀 필요가 없다면 왜 수가 필요하겠어요? 만약 로마 사람들 중 한 사람이라도 '영'을 생각했다면, MMCCXVCXIII과 같이 문자를 길게 써서 계산하는 일이 얼마나 번거롭고 불편한 일인지 알았을 거예요.

중앙아메리카

북아프리카

서기 600년

인도의 수학자들은 오늘날과 같은 '영'을 발명했어요. 그들은 숫자가 적히는 위치에 따라, 자리값에 영향을 받는 계산 체계를 가졌죠. 그리고 빈자리를 나타내기 위해서 점이나 동그라미를 사용했어요. 왜 하필 동그라미를 사용했냐고요? 인도 사람들은 계산을 할 때, 조약돌을 이용하여 모래 위에 나타냈어요. 이 조약돌을 치운 빈 자리에 찍힌 모양이 동그라미처럼 보였거든요.

아라비아

유럽

서기 1150년

'영'은 인도 숫자가 아랍 국가들 사이에 퍼져 있을 때인 12세기에 유럽에 전해졌어요. 사람들은 주판이나 그 밖의 계산을 도와줄 도구가 아무것도 없어도 인도 숫자로 계산을 간단하게 할 수 있다는 것을 금방 깨달았어요.

세계의 숫자들

	1	2	3	4	5	6	7	8	9
바빌로니아	𒁹	𒈫	𒐈	𒐉	𒐊	𒐋	𒑂	𒑄	𒑆
이집트 상형 문자	𓏺	𓏻	𓏼	𓏽	𓏾	𓏿	𓐀	𓐁	𓐂
이집트 필기 문자									
중국 막대	𝍠	𝍡	𝍢	𝍣	𝍤	𝍥	𝍦	𝍧	𝍨
중국 필기 문자	一	二	三	四	五	六	七	八	九
인도 (괄리오르 왕국)	१	२	३	४	५	६	७	८	९
헤브라이	א	ב	ג	ד	ה	ו	ז	ח	ט
그리스	Α	Β	Γ	Δ	Ε	F	Ζ	Η	Θ
로마	I	II	III	IV	V	VI	VII	VIII	IX
마야	𝋡	𝋢	𝋣	𝋤	𝋥	𝋦	𝋧	𝋨	𝋩
현대 아라비아	١	٢	٣	٤	٥	٦	٧	٨	٩

오랜 역사 동안 사람들은 수백 가지 숫자를 발명했어요. 그중 몇 가지를 소개할게요. 각각의 숫자들은 서로 달라 보이지만, 아주 중요한 공통점이 있어요. 대부분이 점이나 선과 같이 단순한 기호로 하나에 하나씩 표시해 두는 것으로 시작한다는 거예요. 또 대부분 한 사람의 손가락 전체 수인 10이 될 때, 새로운 모양이 나타나요.

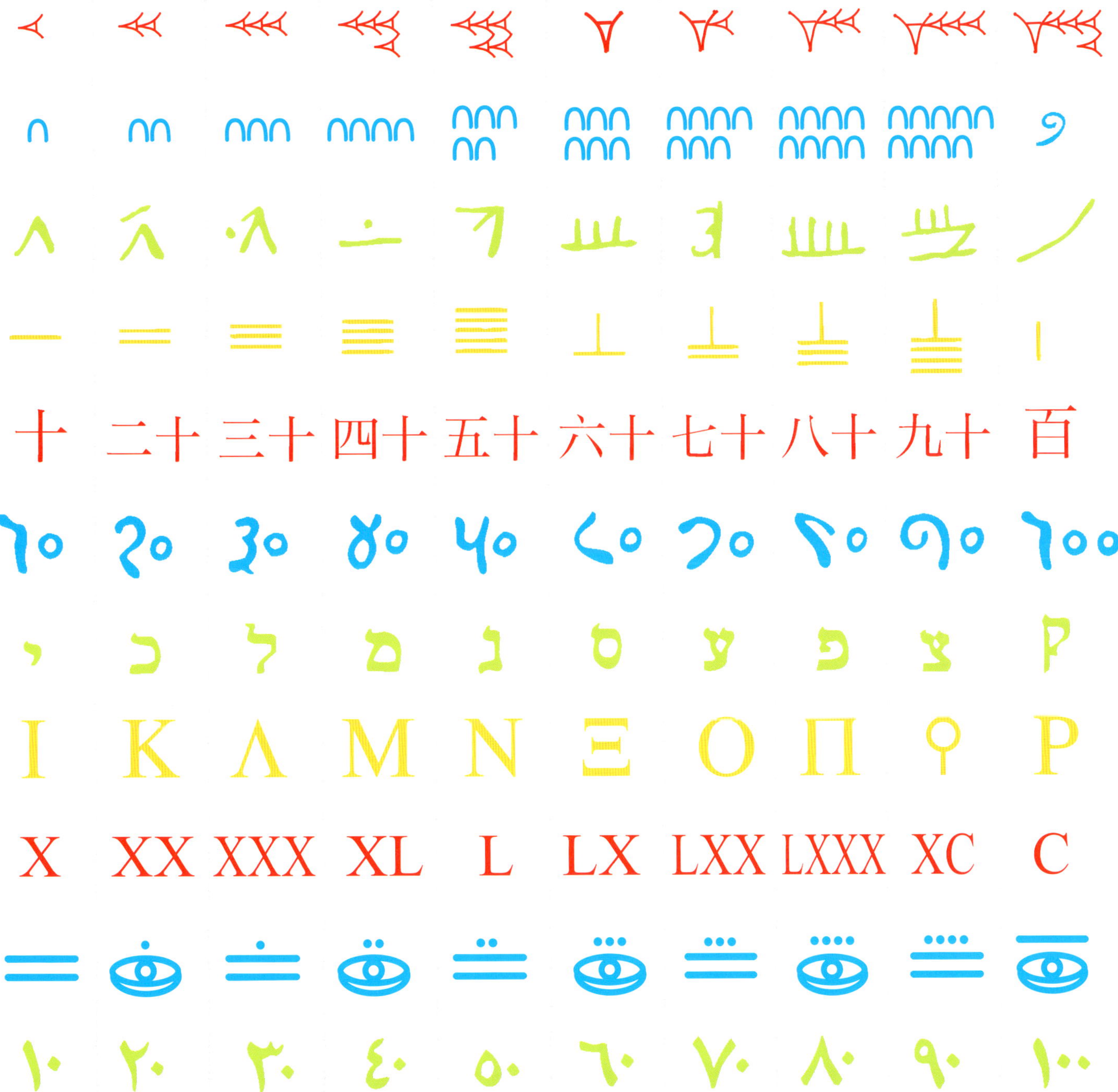

수학 퀴즈

질문 속에 숨어 있는 속임수에 주의하며 다음 퀴즈를 풀어 봐요.

1 피자가 세 조각 있는데 내가 두 조각을 집어 간다면, 나는 얼마나 많은 피자를 가진 걸까?

하나가 100원일 때, 12는 200원이고, 400은 300원이다. 어떻게 계산한 것일까?

이 퀴즈는 아주 쉽죠?

다음 질문들은 약간 어려워요.

12 농부의 아내인 일해 씨는 달걀을 한 바구니 가지고 시장으로 갔어요. 부자 씨가 전체 달걀의 반과 반 개를 사 갔어요. 통큰 씨는 남은 달걀의 반과 반 개를 샀어요. 그리고 눈치 씨는 남은 달걀의 반과 반 개를 샀어요. 웅큼 씨도 그랬고, 빈손 씨도 그렇게 달걀을 사 갔어요. 이제 남은 달걀은 1개로, 반쪽이 나거나 깨진 것은 없어요. 일해 씨는 시장에 나갈 때 달걀을 몇 개 가지고 갔을까요? (힌트: 문제를 거꾸로 풀어 봐요.)

13 친구 세 명이 레스토랑에서 음식을 시켜서 같이 먹었어요. 음식을 다 먹자 종업원이 식탁으로 와서 음식 값이 30,000원이 나왔다고 했고, 세 사람은 똑같이 나눠서 돈을 냈어요. 하지만 종업원은 25000원을 30000원으로 잘못 계산한 것을 깨달았어요. 그래서 얼른 돌려주려고 5000원을 꺼내 손님들이 있는 식탁으로 가면서 생각했어요, '5000원을 3명이 똑같이 나누어 갖기는 힘들잖아. 그러니까 2000원을 그냥 내가 가지면 손님들은 1000원씩 딱 맞게 나눠 가질 수 있잖아.' 결국 세 사람은 9000원씩 내어 합해서 27000원이고, 종업원이 가져간 돈 2000원을 합하면 모두 29000원이 돼요. 그럼 1000원은 어디로 간 걸까요?

14 4명의 소년들이 밤늦게 깊은 골짜기 위에 걸려 있는 출렁다리를 건너 기차역에 가야 해요. 17분 안에 출렁다리를 건너야만 기차를 탈 수 있죠. 다리를 건너려면 발이 빠지지 않도록 횃불을 들고 가야만 해요. 하지만 횃불은 단 하나뿐이에요. 그리고 건너편까지의 거리가 너무 멀어서, 횃불을 던져 줄 수 없어요. 출렁다리는 두 명씩 짝이 되어 건널 수 있을 정도의 폭이에요. 소년들이 걷는 속도는 각각 달라요. 그래서 각각의 쌍은 더 느린 사람 쪽의 속도에 맞춰서 걷게 돼요.

재동은 건너는 데 1분 걸린다.
기정은 건너는 데 2분 걸린다.
종구는 건너는 데 5분 걸린다.
맹구는 건너는 데 10분 걸린다.

어떤 순서로 건너야 할까?
(힌트: 가장 느린 두 사람을 짝지어 건너가게 하세요.)

15 2분 안에, 합해서 19가 되는 4개의 홀수(중복되어도 상관없어요.)를 적어 봐요.

16 한 카우보이가 자기가 가진 말 11마리를 세 아들에게 나누어 주기로 했어요. 첫째 아들에게는 전체의 반을 주기로 하고,

3 9시에 대구로 가는 기차가 출발하여, $2\frac{1}{2}$시간 동안 달렸다. 대전에서 30분 동안 쉰 후, 또 2시간 동안 여행했다. 대구에 도착한 시간은 몇 시일까?

4 50을 $\frac{1}{2}$로 나누면 몇이 될까?

5 과자 3조각이 있다. 과자를 반 시간마다 하나씩 먹으면, 과자를 모두 먹는 데는 시간이 얼마나 걸릴까?

6 들판에 까마귀 30마리가 있다. 농부가 총을 4발 쏘아서 한 마리씩 맞혔다. 지금 들판에 남아 있는 까마귀는 몇 마리일까?

7 큰 통에 든 아이스크림의 무게는 6kg과 그것의 반이다. 전체 무게는 얼마일까?

8 한 사람이 원 모양의 공원 옆에 산다. 공원을 시계 방향으로 돌면 80분이 걸린다. 하지만 반대 방향으로 돌면 1시간 20분 걸린다. 왜 그럴까?

9 7에 7을 더했더니 2가 되었다. 왜 그럴까?

10 어떤 사람에게는 14마리의 낙타가 있다. 어느 날 세 마리 외에는 모두 죽었다. 남은 것은 얼마나 될까?

11 일반적으로 사람들은 얼마나 많은 탄생일을 가질까?

$\frac{11}{11}$

한번 풀어 봐요.

둘째 아들에게는 전체의 4분의 1을 주기로 했어요. 또 셋째 아들에게는 전체의 6분의 1을 주기로 약속했어요. 말을 죽이지 않고, 아버지의 뜻대로 말을 나눌 수 있을까요?
(힌트 : 카우보이의 이웃에는 팔려고 내놓은 말이 한 마리 있어요. 하지만 카우보이는 그 말을 살 돈은 없어요.)

17 5리터짜리 병 하나와, 3리터짜리 병 하나가 있어요. 위의 병들만 이용해서 정확히 4리터의 물을 잴 수 있을까요?

18 곱해서 1,000,000이 되는 두 수를 구해 봐요. 단 0은 포함되면 안 돼요.
(힌트 : 반씩 줄여가는 것을 생각해 봐요.)

19 금목걸이가 4도막으로 끊어졌어요. 각 도막은 다음과 같이 3개의 고리로 연결되어 있어요 ooo ooo ooo ooo 목걸이를 고치러 갔더니, 고리 1개를 여는 데 1000원이고, 고리 1개를 닫는 데 1000원이 든다고 해요. 6000원을 가지고 있다면, 금목걸이를 완전히 고칠 수 있을까요?

20 한 선생님이 반 학생들에게 로마 숫자에 관해 알려줬어요. 선생님은 칠판에 IX를 쓰고는, 선 하나를 더 그려서 이 수를 6으로 만들어 보라고 했어요. 어떻게 하면 될까요?

21 다음에 오는 수는 무엇일까요?
1
11
21
1211
111221
312211
13112221
(힌트: 바로 윗줄과의 관계를 살펴봐요.)

22 어떤 동물원에 낙타와 타조가 몇 마리나 있는지 묻자, 관리인이 다음과 같이 대답했어요.
"낙타와 타조의 눈의 수의 합은 60개이고, 다리의 수의 합은 86개입니다."
낙타와 타조는 각각 몇 마리일까요?
(힌트 : 눈의 수에 대해서 먼저 생각해요.)

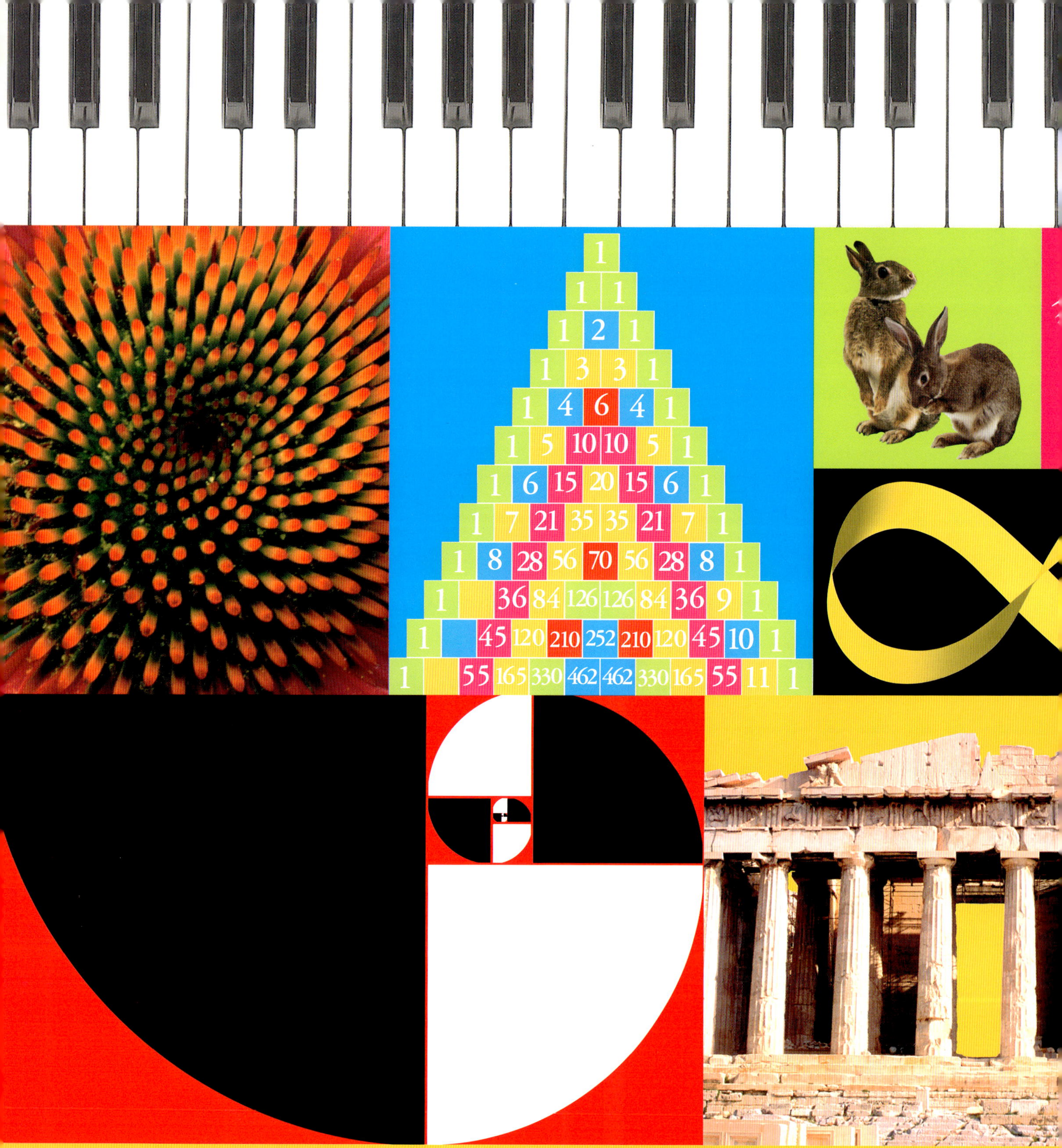

마법의 숫자들

사람들은 마법에 관심이 많아요.
우리는 때로 신비한 마법의 힘을 갖는 꿈을 꾸어요.

최초의 마법사는 수학을 이용한 사람들이에요.
고대 사람들은 이들을 마법사라고 생각했어요.
사실 그들은 마법이 아니라, 태양과 달과
별을 관찰해서 계절을 예언하는 등의
일을 할 수 있었던 거예요. 수학은 여러분이
마법과도 같은 일을 할 수 있도록 도와줘요.

수학은 여러분을 마법사로
만들어 줄 수 있어요.

이제부터 여러분은 원주율이나 무한,
소수 등의 신비한 수를 발견할 거예요.
여러분은 수학을 통해서, 친구들을 당황스럽고
놀라게 할 방법을 배울 수 있어요.

마방진

마방진에서 가로, 세로 줄에 있는 수의 합은 모두 같아요. 이것을 '마법의 합' 이라고 부르죠. 오른쪽의 정사각형은 마법의 합을 가지고 있나요?

다음의 수들을 각각 더해 봐요.

- 2개의 대각선 줄에 있는 수들
- 어떤 한 변을 따라 적혀 있는 4개의 수들
- 모퉁이에 있는 4개의 수들
- 중앙에 있는 4개의 수들

사실, 4개의 수를 더해서 34가 되는 방법은 86가지가 있어요. 오른쪽의 마방진은 1514년에 만들어진 판화 속에 등장하는데, 이것이 유럽에서 발행된 첫 번째 마방진이었어요. 이 화가는 그림이 발행된 해인 1514라는 숫자를 마방진 속에 집어넣었어요.

마법의 정사각형

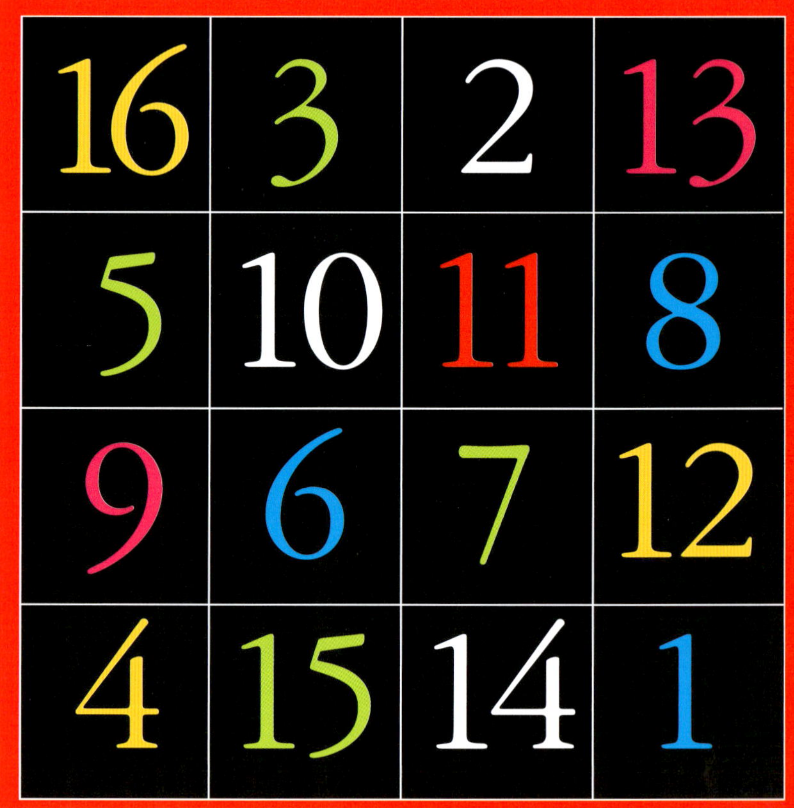

세계에서 가장 오래된 마방진은 약 4000년 전에 중국의 우 임금이 만든 거예요. 우리도 한번 만들어 볼까요? 먼저 1부터 9까지의 숫자를 3개씩 한 줄로 순서대로 써요. 그리고 모퉁이에 있는 수들을 마주 보는 수끼리 서로 자리를 바꿔요. 마지막으로 전체의 모양이 마름모꼴이 되도록 해요.

생일 마방진

'마법의 합'이 22 이상의 큰 수가 되는 마방진도 만들 수 있어요. 그 비법은 아래의 마방진에서 밝게 칠한 4개 자리의 수들만 바꾸면 돼요. 다음 마방진의 각 줄의 수의 합, 즉 '마법의 합'은 22예요. 이 마방진을 '마법의 합'이 30이 되도록 바꾸고 싶나요? 30은 22보다 8이 더 큰 수예요. 그러니까 밝게 칠한 수에 각각 8씩을 더하기만 하면 돼요.

8	11	2	1
1	2	7	12
3	4	9	6
10	5	4	3

생일 카드를 만드는 데 이와 같은 마방진을 사용할 수 있어요. '마법의 합'이 생일인 사람의 나이와 같도록 마방진을 만들어 봐요.

이리 봐도 저리 봐도 마법의 정사각형

96	11	89	68
88	69	91	16
61	86	18	99
19	98	66	81

이건 아주 보기 드문 마방진이에요. 책을 바로 놓고 보아도 마방진이 되지만, 거꾸로 돌려서 보아도 여전히 마방진이 돼요. 정말 그런지 한번 해 봐요.

기사들의 여행

아래의 마방진에서 '마법의 합'은 260이에요. 하지만 이 정사각형에는 아주 놀라운 무언가가 있어요. 1부터 시작해서 2, 3, 4, 5,…의 순서로 적어나갈 때, 어떤 규칙에 따라 써 나갔는지 살펴봐요. 마치 체스에서 기사가 '2칸 앞으로 가고, 1칸 옆으로 간다.'는 규칙으로 이동하는 것처럼 써 나갔답니다.

1	48	31	50	33	16	63	18
30	51	46	3	62	19	14	35
47	2	49	32	15	34	17	64
52	29	4	45	20	61	36	13
5	44	25	56	9	40	21	60
28	53	8	41	24	57	12	37
43	6	55	26	39	10	59	22
54	27	42	7	58	23	38	11

직접 만들어 보자

먼저 5×5의 체스판 모양을 그리고, 맨 아랫줄 중 아무 칸에 1을 적어 넣어요. '앞으로 2칸, 오른쪽으로 1칸' 이동하면서 1씩 큰 수를 적어 나가요. 만일 전체 정사각형 판을 벗어나면, 반대편으로 연결해서 들어가요. 이동할 자리가 없으면, 그냥 오른쪽으로 2칸 이동해서 수를 써요.

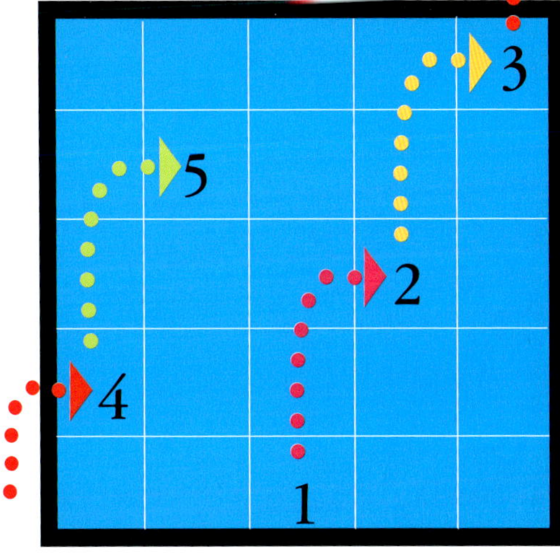

다음에 오는 수는? 1, 1, 2, 3, 5,

위의 문제가 어렵다면, 문제를 푸는 열쇠를 줄게요. 그 열쇠는 '더해라!' 예요. 위와 같은 수의 나열(수열)은 이탈리아 피사의 레오나르도 피보나치에 의해 800년 전에 발견되었어요. 이 수열은 생각지도 않은 곳에서 나타나요.

자연의 수들

토끼들이 1년 동안 새끼를 낳으면, 1년 후에는 몇 쌍이 태어날까?

1

1

2

3

5

토끼의 번식

피보나치는 토끼에 대한 문제를 생각했어요. 먼저 1개월 된 2마리의 토끼를 짝짓기 하는 것에서 출발했어요. 암컷은 1달 후에 암수 1마리씩 모두 2마리의 새끼를 낳았어요. 모두 살아서 다음 달에 2쌍 모두 역시 암수 1마리씩 새끼를 모두 2마리씩 낳았어요. 같은 방법으로 계속 새끼를 낳아간다면, 1년 후에 토끼는 모두 몇 쌍이 태어날까요? 답은 피보나치수열의 13번째 수인 233이에요.

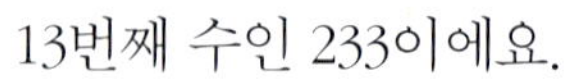

꽃잎의 수

꽃잎의 수는 보통 피보나치 수열에서 찾아볼 수 있어요. 예를 들어서, 개미취의 꽃잎 수는 대부분이 34개, 55개, 89개예요

8, 13, 21, 34, 55, 89 ...?

나선의 수를 세어 봐요

피보나치 수는 국화, 민들레, 해바라기 등에 공통적으로 들어 있어요. 아래와 같은 삼잎국화를 자세히 살펴보면, 아주 작은 꽃들이 시계 방향이나, 반시계 방향으로 나선 모양을 그리며 나 있는 것을 볼 수 있어요. 각 방향의 나선의 수를 세어 보면 피보나치 수예요. 아래 사진에서는 시계 방향으로 회전하는 나선이 정확히 21개이고, 반시계 방향으로 회전하는 나선이 34개예요.

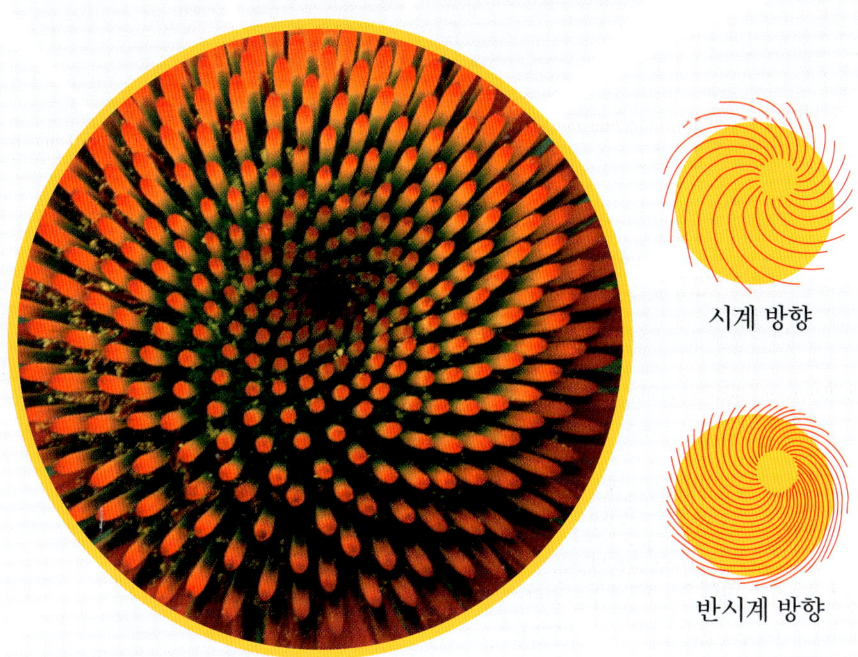

시계 방향

반시계 방향

어째서 자연에서 피보나치 수들을 발견할 수 있을까?

토끼의 경우는 실제로 피보나치수열의 순서로 나타나지는 않아요. 토끼는 새끼를 한 번에 2마리 이상 낳기 때문이죠. 하지만 식물에서는 쉽게 피보나치 수를 볼 수 있어요. 식물은 자라면서 자연스럽게 씨 꾸러미나 꽃잎, 나뭇잎들이 마구 겹쳐지지 않으면서도, 너무 큰 간격이 생기지 않도록 한답니다. 제한된 공간에서 이와 같이 자랄 수 있는 가장 좋은 방법은 바로 피보나치 수처럼 되는 거예요.

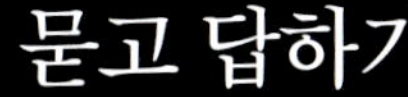

묻고 답하기

솔방울과 꽃양배추

해바라기나 국화 외에도 피보나치 나선을 갖는 것들이 있어요. 솔방울이나 파인애플 껍질, 브로콜리 꽃과 꽃양배추 등에서도 그런 형태를 볼 수 있어요. 또한 피보나치 수는 나뭇잎이나 가지, 줄기에서도 나타나요.

식물은 자라면서 종종 구불구불한 형태로 가지를 만들어요. 가장 밑에 있는 가지로부터 바로 그 위에 있는 가지들의 수를 세어 나가면, 피보나치 수를 발견할 수 있을 거예요.

피아노 건반의 수

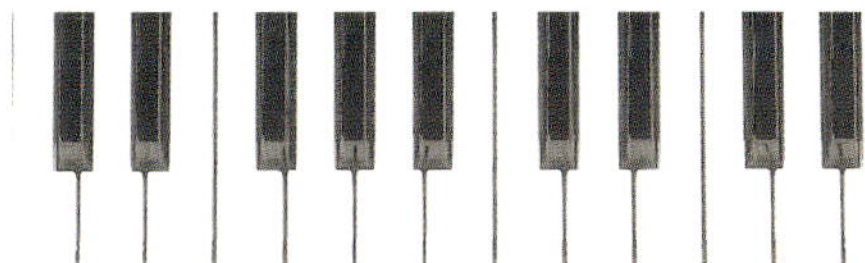

도에서 도까지 한 옥타브를 이루는 피아노 건반의 수는 13개예요. 13개의 건반은 흰 건반 8개와 검은 건반 5개로 나뉘어 있으며, 검은 건반은 다시 3개와 2개로 나뉘어요. 즉 2, 3, 5, 8, 13의 수로 만들어져 있죠. 이 수들은 모두 피보나치 수예요. 정말 놀랍지 않나요!

피보나치수열은 황금 비율로 알려진 수 1.618034와 밀접한 관계가 있어요. 수학자와 예술가들은 몇 천 년 동안 이 수를 매우 특별한 수로 생각했어요. 사람들은 오랫동안 이 수가 신비한 성질을 가지고 있다고 생각했어요.

레오나르도 다 빈치가 이 신비한 성질을 가진 비율에 '황금 비율' 이라는 이름을 붙이고, 그림을 그리는 데 이용했어요.

황금 비율

황금 나선들

직사각형의 변의 길이를 1과 Φ의 비로 그린다면, 예술가들이 가장 아름다운 직사각형으로 여기는 '황금 직사각형'을 볼 수 있어요. 이 황금 직사각형을 여기에서 빨간 직선으로 표시한 것처럼, 정사각형 1개와 직사각형 1개가 되도록 나누어 봐요. 이때 만들어진 작은 직사각형도 역시 황금 직사각형이에요. 같은 방법으로 계속해 나가면, 나선의 형태가 나올 거예요. 이것을 '황금 나선' 이라고 하는데, 앵무조개의 껍데기 모양과 유사하게 보여요. 하지만 그 모양이 정확히 같지는 않아요. 앵무조개 껍데기는 반 바퀴를 돌 때마다 그 길이가 약 Φ배가 되지만, 황금 나선은 4분의 1바퀴씩 돌아가며 그려질 때 길이가 Φ배가 돼요.

황금 직사각형은 무한히 계속해서 나선을 만들어요.

황금 직사각형

황금 비율이란 무엇인가?

먼저 10cm짜리 선분을 그려요. 그리고 6.18cm가 되는 지점에 점을 찍어요. 그러면 처음 선분이 두 부분으로 나뉘어요. 이때 선분 전체의 길이를 더 길게 나뉜 부분의 길이로 나누면 1.618이라는 수가 나와요. 또 더 긴 부분의 길이를 짧은 부분의 길이로 나누어도 역시 같은 비율이 나와요. 이 비율을 바로 황금 비율이라고 하고, Φ(피 또는 화이라고 읽어요.)라고 써요.

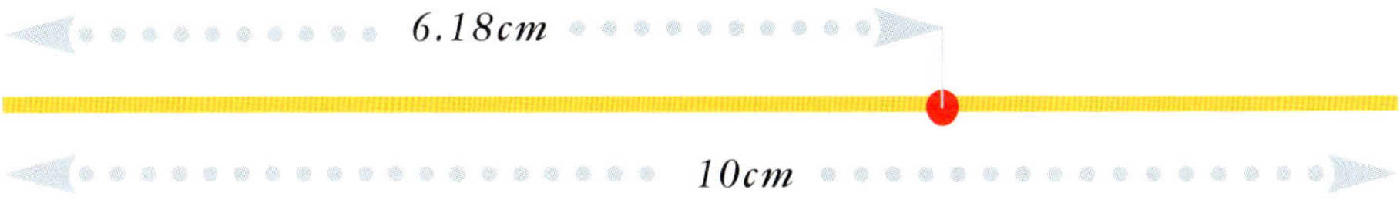

6.18cm

10cm

이상한 황금 비율

황금 비율(Φ)은 이상한 성질을 가졌어요. 예를 들어서, Φ에 Φ를 곱한 값과, Φ에 1을 더한 값이 서로 같아요. 또 피보나치수열의 어느 한 수를 그 수보다 하나 앞에 있는 수로 나누면, Φ에 가까운 비율을 얻을 수 있어요. 이 비율은 피보나치수열에서 큰 수쪽으로 갈수록 Φ에 더 가까운 수가 돼요. 사실 Φ를 정확한 수로 쓸 수는 없어요. 그래서 수학자들은 Φ를 '무리수'라고 해요. Φ를 소수로 적으면, 소수점 아래 자리의 수는 무한히 계속될 거예요.

$$1 \div \Phi = \Phi - 1$$

$$\Phi \times \Phi = \Phi + 1$$

묻고 답하기

황금 비율이 왜 신비한가?

고대 그리스 사람들은 그들이 신성하다고 생각하는 모양 속에 Φ가 들어 있기 때문에, Φ를 신비한 수라고 생각했어요. 예를 들어서, 정오각형의 별 모양에서, 나누어진 길고 짧은 선분들 사이의 길이의 비율은 정확히 Φ예요.

예술가들은 왜 작품에 황금 비율을 사용했을까?

중세 유럽의 레오나르도 다 빈치를 비롯한 예술가들은 수학에 마음이 끌렸고, Φ를 포함하는 도형을 가장 아름다운 것으로 생각하여 그림을 그릴 때 Φ를 이용했어요.

황금 비율과 건축

고대 그리스의 건축가들도 Φ를 이용했대요. 파르테논 신전(아래 그림)도 황금 직사각형에 바탕을 두고 있다고 해요.

큰 수들

일만은 1 뒤에 0이 4개 붙은 수이고, 일억은 0이 8개 붙은 수예요. 수는 '일, 십, 백, 천'을 기본으로 해서 1 뒤에 0을 4개씩 더 쓸 때마다, 새로운 이름으로 불러요.

만 10^4
억 10^8
조 10^{12}
경 10^{16}

바다는 얼마나 많은 물방울로 이루어져 있을까?
우리 몸은 얼마나 많은 원자로 이루어져 있을까요? 우주는 얼마나 많은 모래알로 차 있을까요? 어떤 수들은 너무 커서 우리가 상상할 수도 없고, 쓸 수도 없어요. 수학자들은 거듭제곱을 이용해서 이런 큰 수들을 나타내었어요.

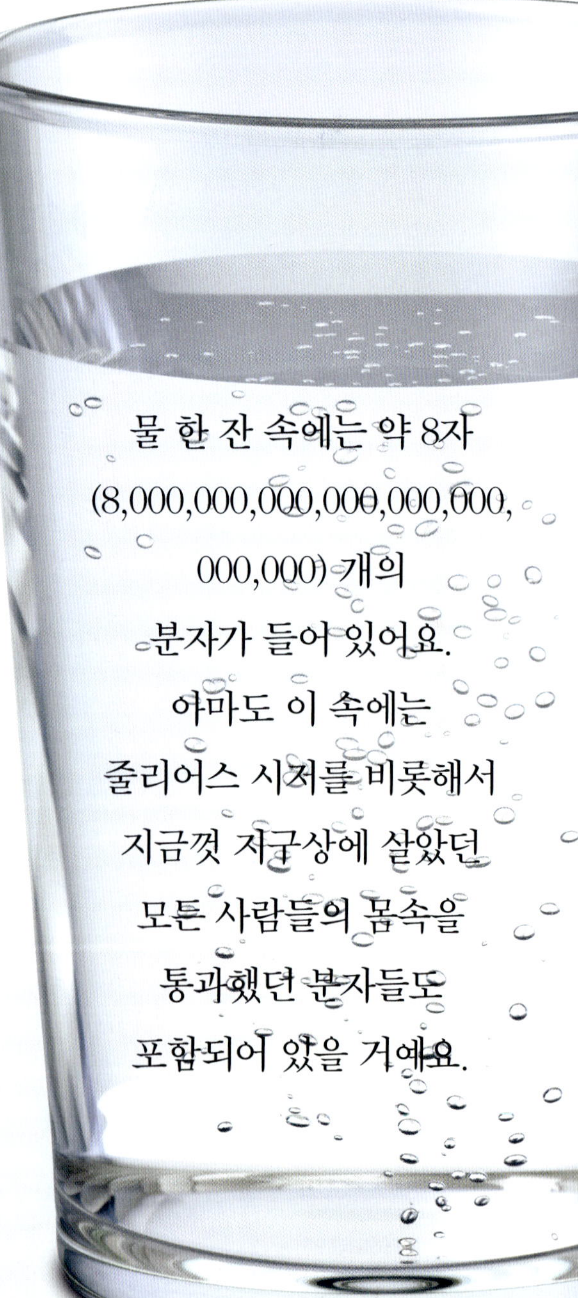

물 한 잔 속에는 약 8자 (8,000,000,000,000,000,000,000,000) 개의 분자가 들어 있어요. 아마도 이 속에는 줄리어스 시저를 비롯해서 지금껏 지구상에 살았던 모든 사람들의 몸속을 통과했던 분자들도 포함되어 있을 거예요.

거듭제곱이란 무엇일까?

거듭제곱은 오른쪽과 같이 한 숫자와 그 숫자의 오른쪽 위에 또 하나의 숫자를 작게 써서 나타낸 거예요.

4^2

이것을 '4의 제곱' 이라고 읽어요.

> 거듭제곱은 같은 수나 문자를 여러 번 곱한 곱을 의미해요.
> 4^2은 4를 두 번 곱한 수, 즉 4×4이므로 16이에요.
> 4^3은 $4 \times 4 \times 4$이므로 64예요.

기묘한 거듭제곱

거듭제곱은 수를 길게 쓰지 않고, 간단하게 나타낼 수 있어요. 거듭제곱이 없었다면 수를 아주 길게 써야만 했을 거예요. 예를 들어서, 9^{9^9}은 9를 9번 곱한 수를 또 9번 곱한 수 또는 $9^{387,420,489}$예요. 이 수를 거듭제곱으로 쓰지 않았다면 어떻게 되었을까요? 3억 6900만 개의 숫자를 길게 써야만 해서, 800킬로미터 길이의 종이가 필요했을 거예요.

1구골 =10,000,000,000,000,000,000,000,000,000,000,000,000,000,000,000,000,000

해 10^{20}
자 10^{24}
양 10^{28}
구 10^{32}
간 10^{36}
정 10^{40}
재 10^{44}
극 10^{48}
항하사 10^{52}
아승지 10^{56}
나유타 10^{60}
불가사의 10^{64}
무량대수 10^{68}

짧은 시간에 부자가 되려면?

체스판의 첫 번째 정사각형 칸에 1원을 올려놓는다고 상상해 봐요. 두 번째 칸에 2원을, 그 다음 칸에는 4원을, 그 다음 칸에는 8원을……, 이와 같은 방법으로 계속해서 액수가 앞 칸의 2배가 되도록 올려놓아 봐요. 그럼 마지막 칸에는 얼마를 올려놓게 될까요?
거듭제곱을 이용해서 계산해 봐요. 체스판에는 64개의 정사각형 칸이 있으므로, 2를 거듭해서 63번 곱하면 돼요. 따라서 마지막 칸에는 2^{63}원 또는 900경(9,000,000,000,000,000,000) 원이 되죠. 이것은 세상의 돈을 모두 합친 것보다 많아요.

모래를 세다

그리스의 수학자 아르키메데스는 우주를 모래알로 가득 채우려면 얼마나 많은 모래알이 필요한지를 계산하려고 했어요. 그 답은 '많다' 예요. 아르키메데스는 모래알 수를 계산하면서 큰 수의 단위가 필요하다는 것을 깨달았어요. 그래서 미리아드(미리아드는 1만과 같아요.)라는 단위를 기본으로 해서, 미리아드를 거듭제곱하는 방식으로 엄청나게 큰 수를 나타내는 방법을 발명했어요. 이렇게 해서 아르키메데스는 우주를 채우는 데 필요한 모래알의 수가 10^{63}(1000나유타)개라고 계산했어요.

아르키메데스의 계산에 따르면 우주를 가득 채우려면 모래알이 10^{63}(1000나유타)개가 있어야 해요.

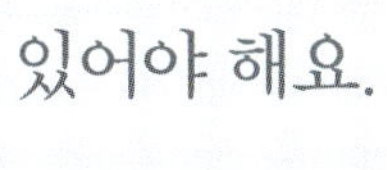

더 알아보기

표준형

되도록 간단하게 수를 표기하기 위해서, 과학자들은 보통 큰 수를 10의 거듭제곱으로 나타내요. 그래서 9,000,000,000(구십억)이라고 쓰는 대신, 9×10^9이라고 간단히 써요. 대부분의 계산기도 화면으로 다 나타낼 수 없는 큰 수들은 거듭제곱의 형태로 보여 줘요.

구골과 그보다 더 큰 수

구골

인터넷의 정보 검색 사이트인 구글(google)은 1 뒤에 0이 100개가 붙은 수(10^{100})를 나타내는 영어인 구골(googol)에서 따온 말이에요. 미국의 수학자 에드워드 케스너가 이 수의 이름을 만들었어요. 사실은 아홉 살짜리 조카에게 이 수를 보여 주었더니, 조카가 '구골' 이라고 말했대요. 케스너의 조카는 구골플렉스라는 수도 생각해냈어요. 이 수는 1뒤에 0이 구골 개 붙은 수($10^{10^{100}}$)를 말해요. 하지만 이 수는 너무 터무니없이 큰 수라서 실제로는 잘 사용하지 않아요. 이 수를 쓰려면, 글씨를 원자보다도 더 작게 써도 우주보다 더 넓은 공간이 필요해요.

0,000,000,000,000,000,000,000,000,000,000,000,000,000,000,000,000,000,000

무한을 넘어서

어떤 수가 가장 큰 수라고 생각하나요?

머릿속에 어떤 수를 떠올리든지 상관없이, 그 수에 1을 더한 더 큰 수를 만들 수 있어요. 그리고 그 수에 또 1을 더할 수 있고, 이와 같이 계속해서 1을 더해 가면서 더 큰 수를 만들 수 있지요. 사실 얼마든지 더 큰 수나 더 작은 수를 만들 수 있어요. 끝이 없거든요. 수학자들은 끝이 없는 것을 무한이라고 해요.

무한한 시간을 영원이라고 불러요.

무한의 기호는 숫자 8을 옆으로 눕혀 놓은 모양처럼 생겼어요.

무한의 거리는 얼마나 길까요?

직선 위를 1시간에 약 1000만 킬로미터 속도로 1조 년 동안 쉬지 않고 달린다고 생각해 봐요. 이렇게 달려도 처음 출발했을 때와 마찬가지로, 여전히 무한의 근처에도 갈 수 없어요.

영원이 얼마나 긴 시간인지 생각해 보기 위해서, 개미 한 마리가 지구 위를 계속해서 걷는다고 상상해 봐요. 이 개미가 한 발짝 걸을 때마다

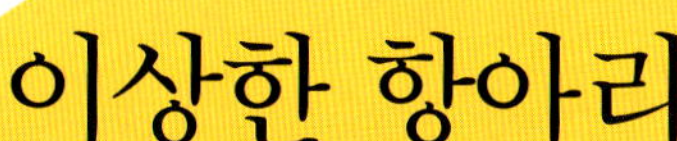

이상한 항아리

무한은 불가사의한 거예요.

사탕이 무한으로 들어 있는 병을 상상해 봐요.

이 병에서 사탕 1개를 꺼내면 병에 남은 사탕은 얼마나 될까요? 그 답은, 처음과 정확히 같은 양이며 무한이에요. 그렇다면 1조 개의 사탕을 꺼내 먹었다면요? 그래도 병 속에는 여전히 무한의 사탕이 남아 있어요. 아무리 꺼내 먹어도 남은 수는 변하지 않아요. 심지어 사탕을 반이나 꺼내 먹어도, 남은 사탕의 수는 여전히 변함이 없어요.

수학자들은 무한을 기호 ∞로 표시해요.
이 기호를 이용해서 다음과 같이 이상한 항아리에 든 사탕의 수를 계산할 수 있어요.

$\infty - 1 = \infty$

$\infty + 1 = \infty$

$\infty - 1{,}000{,}000{,}000 = \infty$

$\infty \div 2 = \infty$

$\infty \times \infty = \infty$

하지만 무한은 정확히 나타낼 수 있는 어떤 수는 아니에요. 무한은 우리의 생각 속에만 있는 수일 뿐이에요. 이 때문에 무한을 포함한 계산은 이해하기 어려워요.

더 알아보기

힐버트의 호텔

수학자 힐버트는 무한의 특성을 보여 주기 위해서 상상 속의 호텔을 생각해 냈어요. 이 호텔에는 무한 개의 방이 있는데, 방에는 모두 손님들이 들어 있어요. 그때 새로운 손님이 도착해서 방을 하나 달라고 했어요. 주인은 잠시 생각해 보고는, 모든 손님들에게 부탁했어요.
"1호실 손님은 2호실로, 2호실 손님은 3호실로,… 이런 식으로 방을 옮겨 주십시오." 이렇게 해서 1호실이 비었고, 새로운 손님은 그 방으로 들어갔어요. 다음날, 무한히 긴 마차가 무한히 많은 새로운 손님을 데려왔어요. 주인은 곧바로 손님들에게 부탁했어요.
"2호실 손님은 4호실로, 9호실 손님은 18호실로,… 이런 식으로 지금 자신의 방 호수의 2배가 되는 호수의 방으로 옮겨 주십시오." 이렇게 해서 이미 묵고 있던 손님들은 모두 짝수 호수의 방으로 들어갔고, 무한의 손님들은 비어 있는 홀수 호수의 방으로 모두 들어갈 수 있었어요.

무한을 넘어서

이상하게 들리겠지만, 무한은 여러 가지가 있어요. 어떤 무한은 다른 무한보다 더 커요. 자연수(1, 2, 3,…)와 같은 것은 세어갈 수 있는 무한이에요. 하지만 자연수들 사이사이에는 황금 비율이나 원주율과 같이 소수점 아랫자리의 수가 끝없이 이어지는 특별한 수들이 있어요. 이런 '무리수'는 세어갈 수 없는 무한이에요. 그리고 이것은 개수를 셀 수 있는 무한보다도 더 큰 무한이에요.
무한이나 영원과 같은 개념은 인간의 사고로 이해하기 어려워요. 단지 너무 크다는 것밖에는 이해할 수 없어요.

소수

소수란 1과 그 자신을 제외한 다른 어떤 자연수로도 나누어떨어지지 않는 자연수예요.

예를 들어서, 23은 소수예요. 23을 나누어떨어지게 하는 수가 없기 때문이죠. 하지만 22는 소수가 아니에요. 22는 11과 2로 나누어떨어지거든요. 수학자들은 소수를 수학의 기초 단위라고 말해요. 소수들의 곱에 의해 모든 수를 만들어낼 수 있기 때문이에요.

55 = 5 × 11
75 = 3 × 5 × 5
39 = 3 × 13
211 = 13 × 17

31 은 소수예요.
331 도 소수예요.
3331 도 소수예요.
33331 도 소수예요.
333331 도 소수예요.
3333331 도 소수예요.
33333331 도 소수예요.
그럼 **333333331** 은 소수일까요?

소수가 아니에요. 17 × 19607843=333333331이 되기 때문이에요. 이처럼 어떤 규칙에 따라 계속해서 소수가 될 것 같아 보이지만, 실제로는 그렇지 않은 경우도 있기 때문에 어떤 규칙성이 있다고 믿을 수 없어요. 그래서 수학자들은 항상 증명을 하려고 하죠.

풀리지 않는 비밀

소수는 신비한 면을 가지고 있어요. 소수를 차례로 적어 보면 규칙을 전혀 발견할 수 없고, 마구잡이로 되어 있는 것처럼 보이거든요. 수학자들은 소수를 찾을 수 있는 규칙을 발견하기 위해서 몇 년 동안 노력했어요. 하지만 아무도 그런 행운을 잡지 못했어요. 결국 소수는 하나하나 찾아낼 수밖에 없다는 사실을 알게 되었지요. 작은 소수는 체로 걸러내는 방법을 이용하여 찾아낼 수 있어요.

체로 걸러내어 소수 찾기

	2	3	4	5	6	7	8	9	10
11	12	13	14	15	16	17	18	19	20
21	22	23	24	25	26	27	28	29	30
31	32	33	34	35	36	37	38	39	40
41	42	43	44	45	46	47	48	49	50
51	52	53	54	55	56	57	58	59	60
61	62	63	64	65	66	67	68	69	70
71	72	73	74	75	76	77	78	79	80
81	82	83	84	85	86	87	88	89	90
91	92	93	94	95	96	97	98	99	100

위와 같이, 칸을 나누어서 1을 제외하고 100까지의 수를 써요. (1은 소수가 아니에요.) 먼저 2를 제외한 2의 배수를 지워요. 다음에 3을 제외한 3의 배수를 지워요. 그럼 이미 4의 곱들은 지워져 있어요. 같은 방법으로 5의 배수를 지우고, 그 다음 7의 배수를 지워요. 이렇게 하면, 판에는 소수만 남게 돼요. (위의 판에서 노란색 부분)

2 3 5 7 11 13 17 19 23

73939133은 놀라운 소수예요. 이 수의 오른쪽 부분을 어디에서 잘라 버리든 상관없이, 왼쪽에 남은 부분의 수는 항상 소수가 돼요. 73939133은 이런 성질을 가진 소수 중에서 가장 큰 소수예요.

가장 큰 소수를 찾아라

'체'를 이용하는 방법은 작은 소수를 찾는 데 유용해요. 그럼 큰 소수를 찾으려면 어떻게 해야 하나요? 523,367,890,103은 소수일까요? 확인해 보려면, 시간을 들여서 이 수를 나누어떨어지게 하는 수가 있는지 없는지 하나씩 살펴보는 수밖에 없어요. 실제로 수학자들은 이런 방법으로 놀라울 정도로 큰 소수를 발견했어요. 지금까지 발견된 가장 큰 소수는 780만 자리 이상의 수예요. 만약 이걸 손으로 쓰려면, 7주가 걸릴 거예요. 그리고 숫자를 쓴 길이는 46킬로미터 정도가 될 거예요.

상금 $100,000

지금까지 알려진 가장 큰 소수를 적으려면 책 10권이 필요해요.

가장 큰 소수를 찾으려면, 웹사이트에서 프로그램을 내려받기만 하면 돼요. 세계적으로 사만 명이 넘는 사람들이 이렇게 해서 소수를 찾고 있어요. 천만 자리 이상의 소수를 처음 발견한 사람은 상금 100,000달러(약 1억 원)를 받을 거예요.

29 31 37 41 43

암호

소수는 현실적으로 어떻게 쓰일까요? 소수는 분해되지 않는 암호를 만드는 데 유용해요. 그리고 인터넷으로 돈을 보낼 때, 여러분에 대한 정보는 이런 방법으로 만들어진 암호에 의해 숨겨져요. 그 암호의 '잠금' 장치가 바로 큰 수예요. 그리고 암호를 푸는 '열쇠'는 소수들의 곱으로 구성되어 있어요.

소수적 시간 감각

어떤 곤충은 자신을 보호하기 위해서 소수를 사용해요. 북아메리카의 주기매미는 유충의 상태로 나무 뿌리의 수액을 빨아먹으며 13년 또는 17년을 보내요. 그리고 충분히 자라면 땅 위로 나와서 매미가 되고, 짝짓기를 하죠. 매미는 기생충들 때문에 피해를 많이 보는데, 이 기생충의 수명은 2년이나 3년이에요. 13년 또는 17년 동안 유충의 상태로 있는 이유는 바로 이런 기생충의 수명 주기를 피하기 위해서예요.

상금이 걸린 수의 비밀!

소수로 만들어진 암호는 믿을 만해요. 미국의 한 회사는 그들이 만든 암호를 푸는 사람에게 상을 준대요. 만약 아래의 수가 어떤 두 소수의 곱으로 구성되어 있는지 알아낼 수 있다면 20,000달러의 상금을 받을 거예요. 그 수는 다음과 같아요.

3107418240490043721350750035888567930037346022842727545720161948823206440518081504556346829671723286782437916272838033415471073108501919548529007337724822783525742386454014691736602477652346609.

원주율

원을 하나 그려요. 그린 원의 둘레의 길이와, 원의 한가운데를 지나는 길이 즉 지름의 길이를 재어 봐요. 그리고 큰 수를 작은 수로 나누어요. 몫이 얼마가 되나요? 답은 '3과 조금 더' 예요. 좀 더 정확하게 말하면 원주율이에요. 원주율은 결코 변하지 않는 아주 특별한 수예요.

원주율이란 무엇일까?

원주율이란 간단히 말하면, 원의 둘레의 길이를 지름의 길이로 나눈 값이에요. 원주율은 π라고 쓰고, 파이라고 읽어요. 크건 작건 크기에 상관없이 원이라면, 이 값은 모두 똑같아요. 믿을 수 없다고요? 그럼 실을 이용해서 실제로 실험해 봐요. 먼저 컵, 접시, 냄비 등 주변에 있는 여러 원들의 둘레의 길이와 지름의 길이를 각각 실로 재어 봐요. 그리고 각각 둘레의 길이를 지름의 길이로 나누어요. 어때요? 모두 '3과 조금 더' 가 되지요. 여기서 '조금 더' 를 정확히 계산하는 일은 불가능해요. 그러니까 당연히 π의 값을 정확하게 구할 수는 없겠지요.

π의 값을 정확히 구하는 것은 불가능하다.

무리수

π에 관한 신비한 성질 중 하나는 그것을 정확히 계산할 수 없다는 거예요. 22÷7과 같은 단순한 비율이 π와 정확히 같은 값을 나타내지는 않아요. π는 무리수예요. 만약 π의 소수점 아래 자리의 수를 계속 쓰려고 한다면(불가능한 일이지만), 영원히 계속 써 나가야 할 거예요.

3.141592

π사냥

이집트 사람들은 π의 값이 $\frac{16^2}{9^2}$, 즉 $\frac{256}{81}$이라고 생각하고 약 3.16으로 정했어요. 이것은 소수 첫째자리까지만 정확히 맞았어요.

그리스 철학자 아르키메데스는 원에 내접하는 정96각형과 외접하는 정96각형을 그렸어요. 이렇게 해서 이 두 도형의 둘레의 길이 사이에 있는 값으로 소수 둘째 자리까지인 3.14까지 정확히 구했답니다.

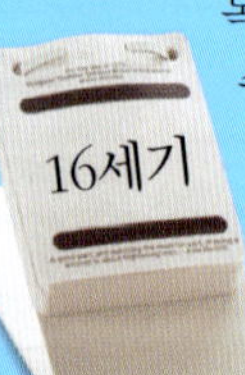

독일 사람인 루돌프는 π의 값을 소수 35째 자리까지 정확히 구했어요. 그런데 안타깝게도 루돌프가 죽고 나시야 이 수가 출판되었어요. 그래서 사람들은 그의 묘비에 이 수를 새겨 주었답니다.

원주율은 생각지도 못한 곳에서도 발견돼요. 예를 들어, 아마존 강이나 미시시피 강 같이 구불구불 흐르는 강의 길이를 처음 시작되는 부분부터 바다와 만나는 지점까지 재어요. 그리고 강의 시작 지점부터 끝 지점까지 직선 거리를 재요. 이제 강의 길이를 직선 거리로 나누어요. 그 답은 원주율에 가까워요. 하지만 어디서도 원을 발견할 수는 없지요.

세계의 모든 전화번호를 π의 값 속에서 찾아볼 수 있어요.

영원한 것과 늘 같은 것

π의 소수점 아랫자리의 수는 끝없이 길어요. 그리고 그 속에서 어떤 규칙도 찾아볼 수 없어요. 한마디로 제멋대로랍니다. 제멋대로 나열된 수가 끝없이 있으니까, 결국 그중에서 어떤 부분은 여러분의 집 전화번호와 똑같은 수가 나열되어 있겠지요. 이런 식으로 찾아보면 세계의 모든 전화번호를 π의 소수점 아랫자리에서 찾아볼 수 있어요. 그리고 만약 각각의 숫자들을 어떤 문자로 지정해서 모두 바꾼다면 어떻게 될까요? 그럼 여러분은 그 속에서 이미 출판된 책 속의 문장들뿐 아니라, 앞으로 출판될 모든 책 속의 문장들을 발견할 수 있을 거예요.

묻고 답하기

π를 어디에 사용할까?

π는 과학자, 공학자, 디자이너 들에게 믿을 수 없을 만큼 유용한 수랍니다. 완두콩이 든 통조림통과 같이 둥근 물건이나, 행성이나 바퀴 같이 둥글게 움직이는 것들에는 모두 π가 들어 있어요. π가 없다면, 사람들은 자동차를 만들 수 없고, 행성이 어떻게 움직이는지 이해할 수도 없으며, 통조림통 하나를 꽉 채워 넣으려면 얼마나 많은 완두콩이 필요한지도 계산할 수 없을 거예요.

이런 일도 있었어요.

1897년에 미국의 인디아나 주정부는 'π의 값은 정확히 3.2이다.'라고 정하는 법을 통과시키려고 했어요. π를 사용하는 세계의 모든 사람들로부터 로열티를 받으려는 거였죠. 아마 수백만 달러는 벌어들일 수 있을 거예요. 그런데 그 법이 통과되기 직전에 한 수학자가 '이건 말도 안 되는 소리요!'라고 지적했어요. 그래서 주 의회는 이 일을 없던 일로 했어요.

6535897932384626433832795028841971693993

영국의 천문학자인 존 마틴은 π의 값을 완벽하게 나타내는 공식을 발견했어요. 그리고 먼저 소수 100째 자리까지 계산해 내었죠.

영국의 수학자 윌리엄 샨크스는 15년 동안 온 힘을 쏟아 π를 소수 707째 자리까지 계산했어요. 하지만 안타깝게도 소수 528째 자리를 잘못 계산해 그 아랫자리 수가 모두 잘못되었지요.

일본 도쿄에서 야수마사 카나다는 컴퓨터를 이용해서 π의 값을 1조 2400억째 자리까지 계산했어요.

사각수와

같은 두 수를 곱하면, 답은 사각수가 돼요. 아래와 같이 구슬을 정사각형 모양으로 놓아 봐요. 이렇게 정사각형 모양을 만들 수 있는 수를 사각수라고 불러요. 사각수는 수학에서 중요하게 생각하는 수 중 하나예요.

1 4 9 16

25 36

더 알아보기

1의 마술

1만으로 만든 사각수를 이용해서, 모든 숫자를 만들 수 있어요. 놀랍게도 이렇게 만든 수들은 앞에서부터 읽어도 뒤에서부터 읽어도 상관없이 똑같답니다.

1의 오른쪽 위에 작게 쓴 숫자 2는 '그 수를 두 번 곱한다' 또는 '제곱한다'는 뜻이에요.

$1^2 = 1$
$11^2 = 121$
$111^2 = 12321$
$1111^2 = 1234321$
$11111^2 = 123454321$
$111111^2 = 12345654321$
$1111111^2 = 1234567654321$

이런 규칙성이 영원히 계속될 거라고 생각하나요?

죄수 퀴즈

50명의 죄수들이 지하 감방에 갇혀 있어요. 한 교도관이 취침 시각에 와서, 감방 문이 이미 모두 잠겨 있었는데 확인해 보지도 않고 모든 감방문의 열쇠 구멍에 열쇠를 넣어 한 번씩 돌렸어요. 그 다음에 두 번째 교도관이 와서 감방 번호가 2, 4, 6, 8,…과 같이 2의 배수인 감방에만 열쇠를 한 번씩 돌렸어요. 세 번째 교도관은 감방 번호가 3의 배수인 감방만 열쇠를 돌렸어요. 네 번째 교도관은 감방 번호가 4의 배수인 방만 마찬가지로 했어요. 계속해서 50번째 교도관까지 마찬가지 방법으로 했어요. 그러고는 교도관은 모두 사러 갔어요. 어느 감방의 죄수들이 밤에 도망칠 수 있었을까요?

홀수 발견!

가장 작은 사각수부터 차례로 열 개를 나열하면, 1, 4, 9, 16, 25, 36, 49, 64, 81, 100이에요. 이제 앞에서부터 차례로 1과 4, 4와 9, 9와 16,… 같이 두 수씩 짝을 지어서, 그 차를 구해 봐요. 그리고 답을 한 줄로 써 봐요. 어떤 규칙성을 발견할 수 있나요? 오른쪽 그림을 보면 이런 규칙성이 왜 나오는지 그 이유를 한눈에 알 수 있을 거예요.

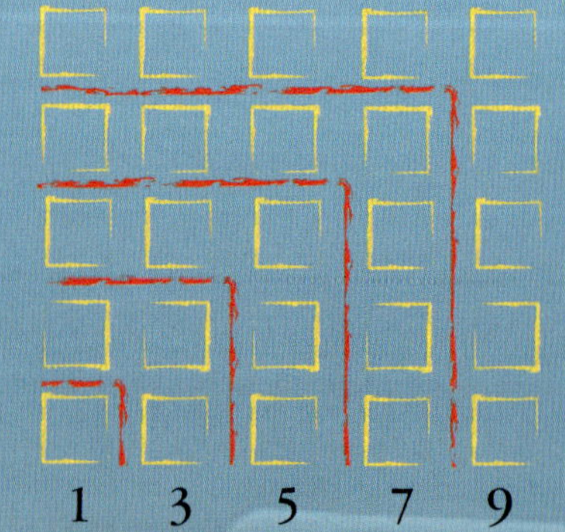

다음에 오는 수는 무엇일까? 1, 4, 9, 16, 25,…?

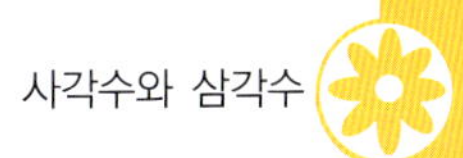

삼각수

삼각형 안을 구슬로 꽉 채워 봐요. 그리고 아래로 구슬이 한 줄씩 더 들어가도록 점점 더 큰 삼각형을 만들어 가요. 각각의 삼각형 안에는 구슬이 몇 개 들어 있나요? 이 구슬의 수가 바로 또 하나의 중요한 수인 삼각수랍니다.

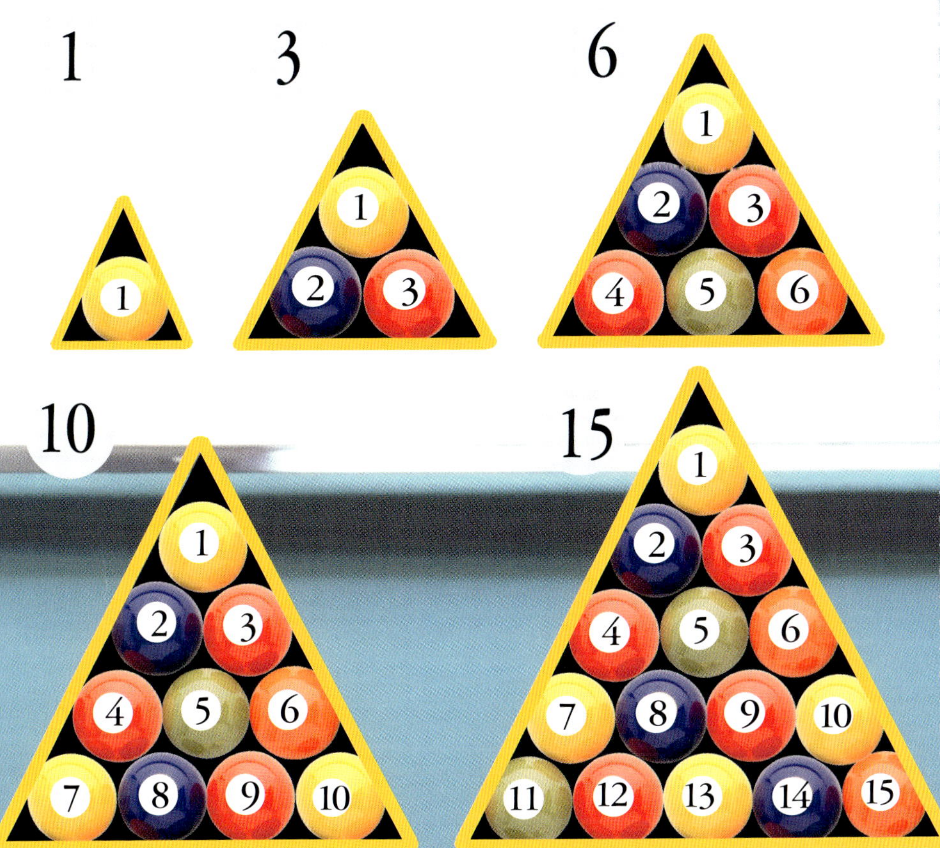

삼각수가 합체하면 사각수로 변신!

삼각수는 재미있는 규칙으로 가득 차 있어요. 예를 하나 들어 볼까요. 한 삼각수를 바로 다음 삼각수와 합쳐 봐요. 그럼 사각수를 얻을 수 있어요. 수학자들은 기호를 사용해서 이 사실을 증명해요. 하지만 우리는 그림을 이용해서 간단히 증명해 봐요.

더 알아보기

덧셈으로 자연수 만들기

삼각수에 대한 비밀 한 가지 말해 줄게요. 어떤 자연수든 3개 이하의 삼각수를 더해서 만들 수 있답니다. 예를 들어, 51은 15와 36를 더해서 만들 수 있어요.

꼭 서로 다른 삼각수를 더할 필요는 없어요. 6은 3+3으로 만들 수 있지요. 여러분의 나이를 삼각수의 합으로 만들어 봐요. 이 사실은 세계적으로 유명한 수학자인 가우스가 이미 200년 전에 증명했답니다.

가우스는 문제를 어떻게 풀었을까?

가우스(1777~1855년)는 천재 수학자였어요. 가우스가 학생 때, 선생님이 학생들을 조용히 시키려고 1부터 100까지의 수를 모두 더하라고 했어요. 그런데 몇 초도 되지 않아서 가우스가 벌떡 일어나서, "5050입니다."라고 말했어요. 어떻게 그렇게 빨리 정답을 구할 수 있었을까요?

가우스는 천재답게 문제를 해결하는 간단한 방법을 찾았던 거예요. 먼저 첫 번째 수와 마지막 수를 더해서(1+100) 101을 구했어요. 다음으로, 양 끝의 두 번째 수를 더했더니 (2+99) 처음과 같은 수인 101을 얻었어요. 이때 가우스는 101을 50배하면 답을 구할 수 있다는 걸 깨달았어요. 그래서 50×101로 간단히 답을 구한 거예요.

이런 사실을 알고 있나요?

일의 자리 숫자가 2, 4, 7, 9인 삼각수는 절대 없어요.

만약 n명의 사람들이 서로 다른 사람과 한 번씩 빠짐없이 악수를 한다면, 악수하는 횟수는 (n-1)번째의 삼각수와 같아요. 예를 들어서, 5명이 서로 빠짐없이 악수하는 횟수는 5－1＝4번째 삼각수인 10과 같아요.

다음에 오는 수는 무엇일까? 1, 3, 6, 10, 15,…?

삼각형

'파스칼의 삼각형' 이란 수로 만든 피라미드예요. 이 속에는 다양한 수의 규칙이 들어 있어요.

파스칼의 삼각형 만들기

먼저 꼭대기에 1을 적어요. 그리고 그 아랫줄에 1 두 개를 나란히 써요. 그 아랫줄부터는 왼쪽과 오른쪽 끝에 각각 1을 쓰고, 그 사이에는 윗줄의 숫자를 차례로 둘씩 묶어서 합을 써 나가면 돼요. 이와 같이 더하는 방법만으로 얼마든지 수의 피라미드를 높이 세울 수 있죠.

1
1 1
1 2 1
1 3 3 1
1 4 6 4 1
1 5 10 10 5 1
1 6 15 20 15 6 1
1 7 21 35 35 21 7 1
1 8 28 56 70 56 28 8 1
1 9 36 84 126 126 84 36 9 1
1 10 45 120 210 252 210 120 45 10 1
1 11 55 165 330 462 462 330 165 55 11 1

파스칼의 삼각형은 어떻게 쓰일까?

5가지 맛의 아이스크림이 있을 때, 아이스크림을 선택할 수 있는 가지 수를 구해 봐요. 이 답은 파스칼의 삼각형의 꼭대기 줄을 0번째 줄로 생각했을 때, 5번째 줄을 살펴보면 찾을 수 있어요.

아이스크림 0개를 선택할때 가지 수는 1, 1개를 선택할 수 있는 가지 수는 5, 2개를 선택할 수 있는 가지 수는 10, 3개를 선택할 수 있는 가지 수는 10, 4개를 선택할 수 있는 가지 수는 5, 5개를 선택할 수 있는 가지 수는 1이 돼요.

중국 수학자들은 적어도 900년 전에 파스칼의 삼각형에 대해 알고 있었대요.

파스칼의 핀볼

파스칼의 삼각형은 수학의 두 분야인 확률과 통계를 연결하는 중요한 역할을 해요. 오른쪽 사진처럼 파스칼의 삼각형 모양처럼 생긴 핀볼 게임기에 구슬을 통과시키면, 구슬이 각각의 줄에 쌓일 확률은 파스칼의 삼각형의 수에서 쉽게 찾아볼 수 있어요. 그리고 구슬이 쌓이는 전체 형태는 통계에서 가장 중요한 그래프인 종 곡선이라고 불리는 모양이에요.

어떤 규칙이 숨어 있을까?

파스칼의 삼각형은 여러 가지 수의 규칙으로 가득 차 있어요. 아래와 같은 규칙을 찾아보아요.

세 번째 대각선에 있는 수들에는 어떤 규칙이 있나요? 1과3, 3과6, 6과 10, … 처럼 두 수씩 짝을 지어 더해 봐요. 어떤 수가 나오나요?

(힌트: 앞 장을 다시 펴 봐요.)

1
1 1
1 2 1
1 3 3 1
1 4 6 4 1
1 5 10 10 5 1
1 6 15 20 15 6 1
1 7 21 35 35 21 7 1
1 8 28 56 70 56 28 8 1
1 9 36 84 126 126 84 36 9 1
1 10 45 120 210 252 210 120 45 10 1
1 11 55 165 330 462 462 330 165 55 11 1

답: 정사각형의 수

꼭대기 줄의 수부터 시작해서 각 줄에 있는 수들을 각각 더해 봐요. 어떤 수들이 나오나요?

(힌트 : 37쪽의 체스판을 생각해 봐요.)

1
1 1
1 2 1
1 3 3 1
1 4 6 4 1
1 5 10 10 5 1
1 6 15 20 15 6 1
1 7 21 35 35 21 7 1
1 8 28 56 70 56 28 8 1
1 9 36 84 126 126 84 36 9 1
1 10 45 120 210 252 210 120 45 10 1
1 11 55 165 330 462 462 330 165 55 11 1

답: 2의 제곱 수

비스듬히 놓인 대각선 위에 있는 수들에는 어떤 규칙이 있나요? 여기서는 알아보기 쉽게 색깔로 구분해 두었어요. 어떤 수들이 나오나요?

(힌트 : 32쪽의 토끼를 떠올려 봐요.)

1 2 3 5 8 13 ? ? ?

1
1 1
1 2 1
1 3 3 1
1 4 6 4 1
1 5 10 10 5 1
1 6 15 20 15 6 1
1 7 21 35 35 21 7 1
1 8 28 56 70 56 28 8 1
1 9 36 84 126 126 84 36 9 1
1 10 45 120 210 252 210 120 45 10 1
1 11 55 165 330 462 462 330 165 55 11 1

답: 피보나치 수

A에서 B로 가는 길

파스칼의 삼각형으로 풀 수 있는 문제가 있어요. 여러분이 택시 기사라고 생각해 봐요. 오른쪽 그림과 같은 동네를 A에서 B까지 되도록 짧은 거리로 가려면, 몇 가지 길이 있나요?

(힌트 : A를 파스칼의 삼각형의 꼭대기 줄이라고 생각하고, 모든 교차점에 알맞은 숫자를 써 넣어요. B지점에는 어떤 수가 들어갈까요?)

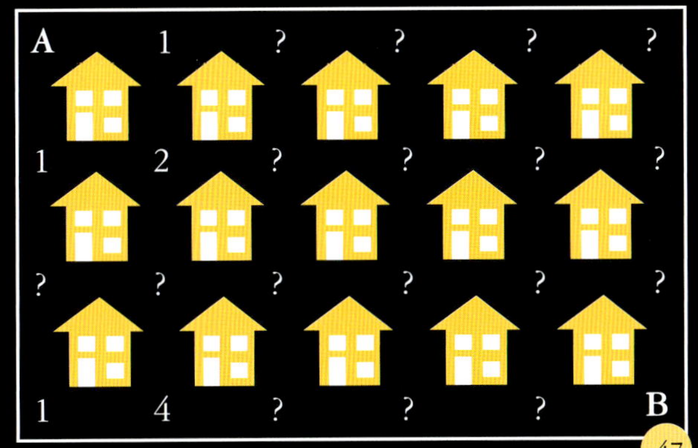

수학 마술

두 번 틀리고, 한 번 맞히고

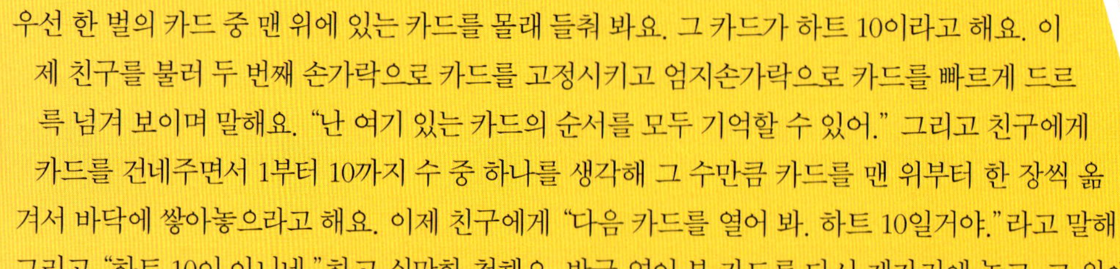

우선 한 벌의 카드 중 맨 위에 있는 카드를 몰래 들춰 봐요. 그 카드가 하트 10이라고 해요. 이제 친구를 불러 두 번째 손가락으로 카드를 고정시키고 엄지손가락으로 카드를 빠르게 드르륵 넘겨 보이며 말해요. "난 여기 있는 카드의 순서를 모두 기억할 수 있어." 그리고 친구에게 카드를 건네주면서 1부터 10까지 수 중 하나를 생각해 그 수만큼 카드를 맨 위부터 한 장씩 옮겨서 바닥에 쌓아놓으라고 해요. 이제 친구에게 "다음 카드를 열어 봐. 하트 10일거야."라고 말해요. 그리고 "하트 10이 아니네."하고 실망한 척해요. 방금 열어 본 카드를 다시 제자리에 놓고, 그 위에 조금 전 옆에 쌓아 놓았던 카드 묶음을 올려놓아요. "이번에는 10에서 20 사이에 있는 수 중 하나를 생각해."라고 말하고 처음과 같이 반복해요. 마지막으로 친구에게 "두 번째 생각한 수에서 첫 번째 생각한 수를 빼 봐."라고 말해요. 그리고 그 수만큼 옆으로 옮겨놓으라고 해요. 이번에는 틀림없이 하트 10이 나올 거예요.

놀라운 마법 계산기

친구에게 계산기를 주고, 세 자리 수 하나를 마음속으로 생각하라고 해요. 그리고 그 수를 반복해서 2번 누르게 해요. 이 6자리 수를 7로 나누어 보게 해요. 그리고 말해요. "7로 나눈 나머지는 7가지가 될 수 있으므로, 어떤 수가 7로 나누어떨어질 확률은 7분의 1이지. 자, 얼른 7로 나눠 봐. 나머지가 있니? 없지!" 그리고 그 나눈 수를 11로도 나누게 해요. 이때 나누어떨어질 확률은 11분의 1이 되죠. 하지만 역시 나머지는 없어요. 마지막으로 13으로 나누게 해요. 역시 나머지는 없어요. 절대로 없죠. 이제 친구에게 화면에 남은 수가 몇인지 확인하라고 말해요. 처음 생각했던 세 자리 수가 되었죠.

놀라운 1089 마술

먼저 책을 한 권 선택해서 10쪽을 펴고, 8째 줄의 9번째 글자를 찾아요. 종이에 그 글자를 써서, 봉투에 넣어요. 그리고 책 밑에 넣어 둬요. 이제 마술을 할 차례예요. 친구에게 첫 번째 숫자와 마지막 숫자가 다른, 세 자리 수를 아무거나 생각해서 종이에 적으라고 해요. 그리고 그 수를 거꾸로 적은 수를 만들어서, 두 수 중 큰 수에서 작은 수를 빼라고 해요. 예를 들어서, 863-368=495예요. 그리고 답으로 나온 수와 그 수의 각 숫자의 순서를 거꾸로 적은 수를 만들어서, 두 수를 더하라고 해요. 495+594=1089. 이제 친구에게 준비한 책을 주면서 다음과 같이 말하세요. "앞의 두 숫자는 책의 쪽수이고, 세 번째 숫자는 몇 번째 줄인지를 나타내며, 마지막 숫자는 그 줄의 몇 번째 글자인지를 나타내고 있어. 그 글자를 이 책에서 찾아봐." 그리고 큰 소리로 글자를 읽게 한 후에, 봉투를 열어 보게 하세요. 이 마술의 비밀은 계산의 답이 항상 1089가 된다는 데 있어요.

계산기에 마법

친구에게 계산기를

- 태어난 달을 적어.
- 4를 곱해.
- 13을 더해.
- 25를 곱해.
- 200을 빼.
- 태어난 날을 더해.
- 2를 곱해.
- 40을 빼.
- 50을 곱해.

놀라운 속임수 마술로

가족과 친구들을 놀래 볼까요?

6의 비밀

친구와 게임을 할 때 항상 이길 수 있는 게임이 있어요. 친구와 둘이서 1에서 5 사이의 수 중 아무 수나 한 번씩 교대로 말하면서 수를 더해 가는 놀이에요. 이렇게 해서 먼저 합이 50이 되도록 하는 수를 말하는 사람이 이기는 거죠. 이 놀이에서 이기는 방법은, 친구가 1에서 5 사이의 수를 말하면 그 다음에 여러분은 수의 합이 다음과 같은 수가 되도록 만들기만 하면 돼요. 2, 8, 14, 20, 26, 32, 38, 44.
예를 들어서, 친구가 3으로 시작했다면 여러분은 5를 말해서 더한 값이 8이 되도록 하세요. 그 다음에 친구가 어떤 수를 선택하든지 상관없이, 합해서 14가 되는 수를 여러분이 말하면 돼요. 이런 식으로 계속하면 여러분이 먼저 합이 50이 되도록 하는 수를 말하게 될 거예요.

마법 도미노

친구에게 정사각형 2개가 붙어 있는 도미노 중 하나를 고르게 해요. 그 위의 2가지 눈의 수를 다른 사람이 보지 못하게 가리라고 해요. 먼저 한쪽 눈의 수에 5를 곱하고 7을 더하고 2를 곱한 후에, 다른 한쪽의 눈의 수를 더하라고 해요. 이렇게 나온 답에서 14를 빼라고 해요. 어때요. 답이 처음에 고른 도미노의 2가지 눈의 수를 말해 주고 있죠!

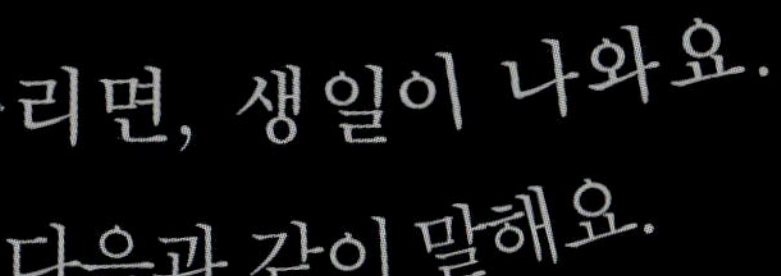

리면, 생일이 나와요.

다음과 같이 말해요.

- 태어난 해의 마지막 두 숫자를 더해.
- 10,500을 빼.

그리고 계산기의 화면에 찍힌 숫자를 보고, 친구의 생일을 정확히 말해 줘요. 맨 앞의 한 개 또는 두 개의 숫자는 태어난 달을 말해요. 그 다음의 두 개의 숫자는 날짜를, 마지막 두 개의 숫자는 해를 의미해요.

불가능한 쌍들

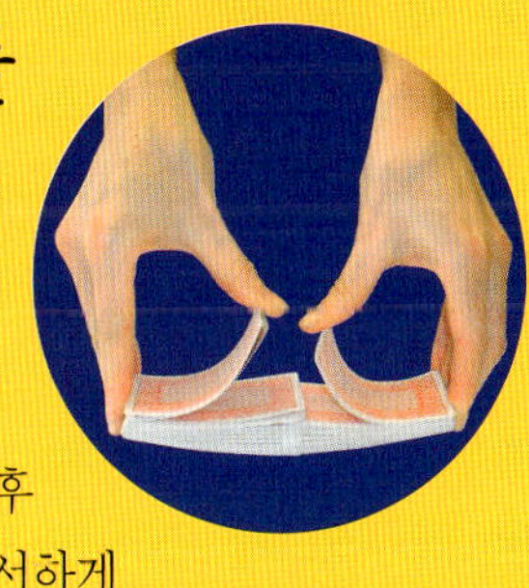

먼저 아무도 모르게 해야 할 일이 있어요. 빨강과 검정 카드가 한 장씩 교대로 배열되어 있는 카드 한 벌을 준비해요. 그리고 여러 사람들 앞에 나가서, 한 명만 나와 달라고 해요. 그 사람에게 카드를 둘로 나누어서 섞으라고 부탁해요. 조금 서툴게 섞어도 상관없어요. 카드를 돌려받은 후에, 사람들에게 카드를 살짝 보여줘요. 아마 카드가 무질서하게 배열되어 있는 것처럼 보일 거예요. 그 다음에 '마법 가르기'를 하겠다고 말해요. 그리고 얼른 같은 색 카드가 두 장 연속해서 배열된 곳을 찾아요. 그 두 장이 갈라지도록 카드를 두 묶음으로 나누고 한 묶음을 다른 한 묶음의 카드 위에 놓아요. 이제 마술은 끝났어요. 카드는 모두 빨강과 검정이 한 장씩 교대로 배열되어 있을 거예요. 정말 그렇게 되냐고요? 의심하지 말고 한번 해 봐요.

✪ 모양 만들기

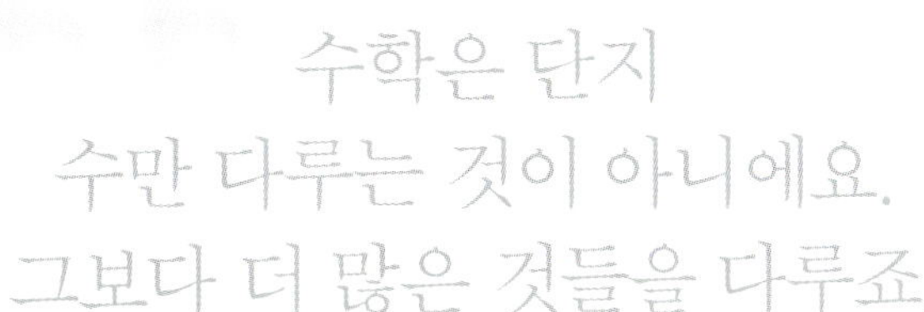

수학은 단지
수만 다루는 것이 아니에요.
그보다 더 많은 것들을 다루죠.

고대 그리스 사람들은 수에 대해서는 잘 알지 못했어요. 하지만 도형을 잘 이해했기 때문에 수학을 잘할 수 있었어요. 그들은 선과 각을 이용해서 도형을 만들고, 세상을 이해하는 데 도형의 도움을 받았어요.

그리스 사람들은 도형과 공간의 수학인 기하학을 만들어 냈어요. 기하학은 볼펜에서 항공기에 이르기까지 무엇인가를 만들거나 설계할 때 도움이 되는 수학의 영역이에요.

여러분이 예술가가 되든, 과학자가 되든 이번 장에서 다루는 기하학에서 여러분에게 필요한 수학적 도형을 만날 수 있을 거예요.

3개의 변으로 이루어진

선분으로 둘러싸인 도형을 다각형이라고 해요. 가장 단순한 다각형은 삼각형이며, 3개의 변과 3개의 각으로 이루어져 있어요. 삼각형만 있으면 다른 모든 다각형을 만들 수 있어요.

가장 좋아하는 삼각형!

수학자들이 특별히 좋아하는 삼각형은 한 꼭지점이 ㄴ자 모양인 직각 삼각형이에요.

고대 이집트 사람들은 경작지의 경계를 표시하거나, 건물을 지을 때 모퉁이를 직각으로 만들기 위해서 직각 삼각형을 이용했어요. 직각 삼각형은 어떻게 만드냐고요? 긴 밧줄에 똑같은 간격으로 12개의 매듭을 만들어요. 그리고 밧줄 매듭 사이의 간격의 수가 각각 3, 4, 5가 되도록 팽팽하게 잡아당겨서 삼각형 모양이 되도록 해요. 이 삼각형이 바로 직각 삼각형이에요.

삼각형들로 평면을 빈틈없이 완전히 덮을 수 있어요.

고대 그리스 사람들도 직각 삼각형을 알고 있었어요. 잘 알려진 수학자 **피타고라스**는 직각 삼각형에 관한 특별한 성질을 발견했어요. 먼저 직각 삼각형의 세 변을 각각 한 변으로 하는 정사각형을 세 개 그려요. 이때, 두 개의 작은 정사각형의 넓이의 합은 가장 큰 정사각형의 넓이와 같아요. 꼭 정사각형을 그려야만 하냐고요? 어떤 모양이라도 상관없어요. 코끼리를 그려도 돼요.

어떤 삼각형이든 상관없이, 모든 삼각형의 세 각의 합은 항상 180°예요. 이것을 증명하는 기발한 방법을 소개할게요.

그래서 어쨌다고?

피타고라스가 발견한 직각 삼각형의 성질은 인류가 지금까지 발견한 수학 정리 중 가장 유명해요. 피타고라스는 이것을 발견하고는 무척이나 기뻐서, 신에게 황소를 제물로 바쳤다고 해요.

1 자를 이용해서, 종이 위에 큰 삼각형을 하나 그려요.

2 세 각의 각 부분을 그림과 같이 찢어요.

3 그리고 오른쪽과 같이 찢어 낸 세 조각을 이어 붙여요.

어떤 삼각형을 그렸든지 모양과 크기에 상관없이 세 각의 합은 180°가 돼요!

도형

부등변 삼각형 이등변 삼각형 정삼각형 둔각 삼각형 직각 삼각형

삼각형은 변의 길이와 각의 크기에 따라 여러 가지 특별한 이름으로 불러요. 세 변의 길이가 모두 같으면 정삼각형이라고 하고, 모두 다르면 부등변 삼각형이라고 하죠. 그리고 두 변의 길이가 같으면 이등변 삼각형이라고 해요. 한 각이 직각인 삼각형은 직각 삼각형이라고 하고, 한 각이 90°보다 큰 삼각형은 둔각 삼각형이라고 한답니다.

선분으로 둘러싸인 모든 도형은 여러 개의 삼각형으로 쪼갤 수 있어요. 마찬가지로 삼각형을 이용하면 다양한 도형을 한없이 만들어 낼 수 있죠. 중국 사람들은 이런 성질을 이용해서 '지혜의 판' 이라는 게임을 발명했어요. 이 게임은 약 100년 전에 유럽과 미국으로 전해져 사람들을 열광시켰어요.

왼쪽의 정사각형을 이루는 7개의 지혜의 판 조각만으로 수백 가지 도형을 만들 수 있어요.

단단하고 단순하게

사각형은 각이 찌그러져서 다른 사각형으로 변형될 수 있어요. 하지만 삼각형은 각이 절대 움직이지 않아서 아주 단단해요. 삼각형은 가장 단순하면서도 가장 단단한 도형이에요. 그래서 다리나 빌딩, 파리에 있는 에펠탑에서 삼각형을 쉽게 발견할 수 있는 거예요.

나무에 직접 올라가지 않고도 높이를 알 수 있을까?

답 : 직각 삼각형은 한 변의 길이와 한 각의 크기만 알면, 다른 한 각의 크기와 남은 두 변의 길이를 알 수 있어요. 이런 문제를 다루는 수학의 분야를 기하학이라고 해요.

4개의 변으로

창문이나 벽, 문, 지금 펼쳐 놓은 책 그리고 수백만 사람들이 만들어 놓은 많은 물건들의 공통점은 무엇일까요? 모두 직사각형이라는 거예요. 직사각형을 비롯한 네 변으로 이루어진 도형들은 서로 딱 들어맞고 만들기 쉬워서, 어디에서나 찾아볼 수 있어요. 잠깐 동안 책에서 눈을 떼고 주변을 둘러봐요. 사각형을 얼마나 많이 찾아볼 수 있나요?

여러 가지 사각형들

정사각형과 직사각형은 제일 명확한 사각형이에요. 이외에도 여러 가지 형태의 사각형이 있는데, 다음 6가지가 주요한 형태예요.

정사각형

직사각형

마름모

평행사변형

사다리꼴

가오리 모양

1 자로 사각형을 그려서 오려 내요. 네 각을 그림과 같이 찢어요.

2 네 각의 꼭지점이 한데 모이도록 맞춰 봐요.

네 개의 각

사각형의 네 각은 한 점을 중심으로 그 둘레를 빈틈없이 채워요. 따라서 사각형의 네 각의 합은 항상 360°가 돼요. 바로 앞 장의 내용이 기억나나요? 삼각형의 세 각의 합은 180°였지요. 사각형은 삼각형 2개와 같으므로, 더하면 180°+180°=360°로 딱 맞아요.

퍼즐

1

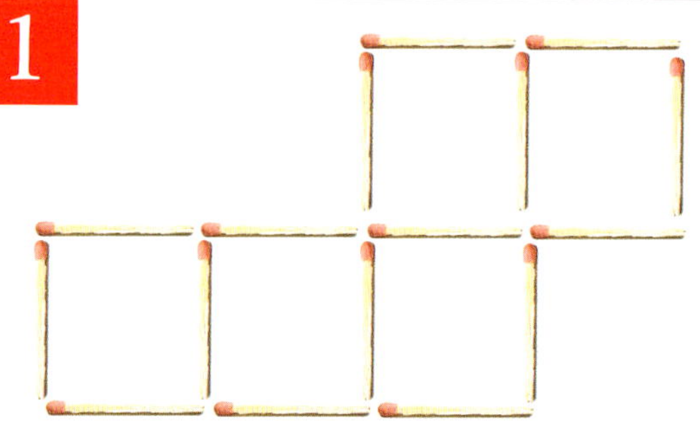

위와 같이 배열된 16개의 성냥개비가 있어요. 성냥개비를 2개만 움직여서, 지금 5개인 정사각형을 4개가 되도록 할 수 있나요? 단 성냥개비를 하나라도 없애거나, 구부리면 안 돼요.

2

오른쪽 정사각형 모양의 집 주인이 자기 집을 모양은 여전히 정사각형이면서 크기는 2배가 되기를 원해요. 집의 네 귀퉁이에는 나무가 한 그루씩 심겨 있어요. 집 주인은 이 나무를 옮길 수 없어요. 또 층을 위로 올리거나 지하층을 만들 수도 없어요. 어떻게 하면 집을 2배로 만들 수 있을까요?

이루어진 도형

이런 도형을 사각형이라고 해요.

짜 맞춰진 모양

타일처럼 조금의 빈틈도 없이 서로 딱 맞게 짜 맞춘 모양을 '테셀레이트(모자이크식 만들기)' 라고 해요. 아래의 그림은, 어떤 사각형이든 상관없이 합동인 사각형들끼리는 항상 '테셀레이트' 가 된다는 것을 보여 줘요. 삼각형과 육각형 또한 '테셀레이트' 가 돼요. 하지만 다른 다각형들로는 '테셀레이트' 가 되지 않아요.

어째서 어떤 도형으로는 테셀레이트가 되고, 어떤 도형으로는 되지 않는 걸까요? 문제는 각이에요. 한 도형의 각들을 꼭지점 부분이 한데 모이도록 서로 맞춰 보았을 때, 둘레가 완전히 꽉 채워져서 360°가 되거나 180°가 되면 그 도형은 테셀레이트가 된답니다.

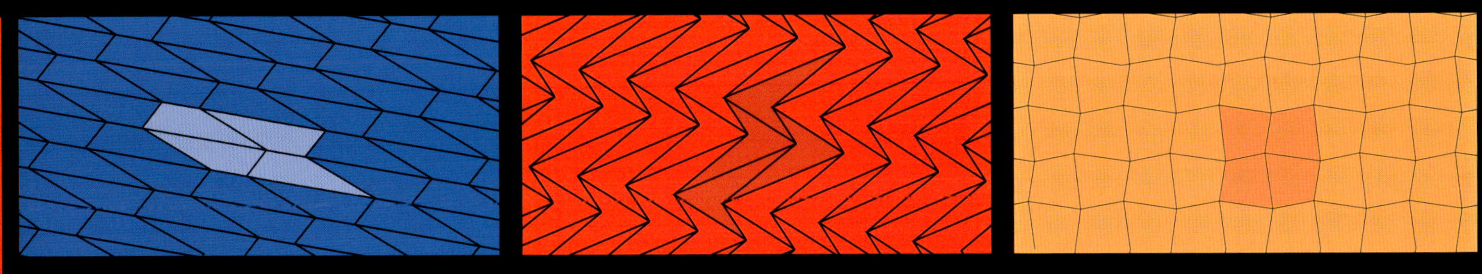

직접 해 봐요.

여러분도 네 변을 가진 도형은 항상 테셀레이트가 된다는 것을 증명할 수 있어요. 신문지 12장을 가지런히 쌓아 놓고, 맨 위 장에 자를 이용해서 네 개의 변을 가지는 도형을 하나 그려요. 그린 선을 따라서 12장을 한 번에 잘라요. (필요하면 어른께 도와달라고 해요.)

잘라낸 12장을 이용해서 빈틈없이 짜 맞춘 형태를 만들어 봐요. 이 문제는 쉽지 않기 때문에, 힌트를 하나 줄게요. 먼저 변끼리 서로 맞춰 봐요. 이때, 바로 옆에 놓을 도형은 반 바퀴 돌려서 놓아요.

3 아래 그림에서 직사각형 안에 있는 대각선의 길이는 얼마일까요?

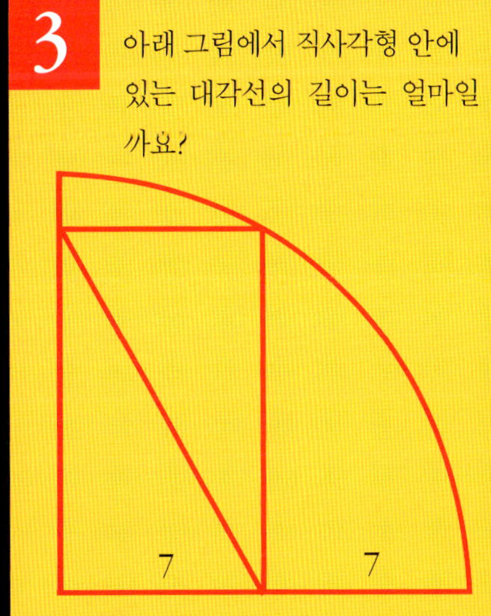

4 정사각형은 합동인 네 개의 조각으로 나누어지고, L−모양의 도형도 합동인 네 개의 조각으로 나눌 수 있어요. 그럼 정사각형을 합동인 5개의 조각으로 나누려면 어떻게 해야 할까요?

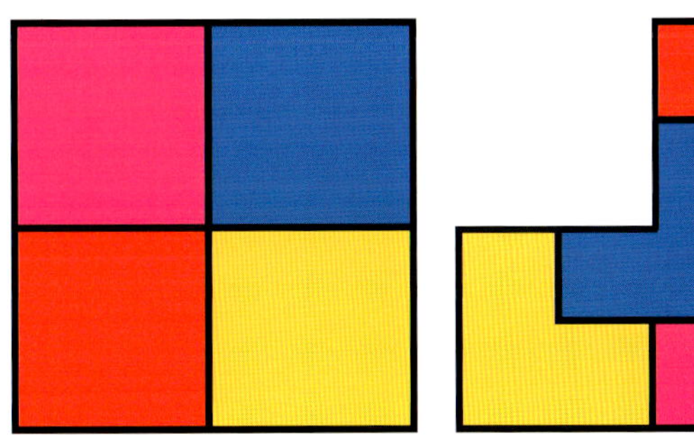

5 비행기가 A에서 B로 140킬로미터를 날아가야 해요. 그런데 북동쪽으로 시속 50킬로미터로 바람이 불자, 조종사는 100킬로미터 떨어진 C를 향해 시속 200킬로미터로 날아갔어요. 언제 B에 도착하게 될까요?

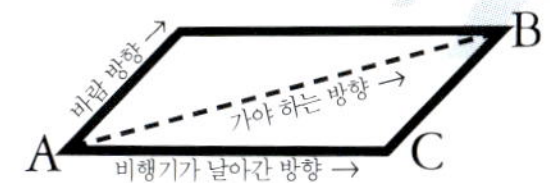

여러 개의 변으로 이루어진 도형

그리스 사람들은 많은 변으로 이루어진 다각형의 이름을 그 변의 수에서 따왔어요. 변의 수가 각각 5개와 6개인 다각형의 이름은 오각형과 육각형이에요. 십일각형이나 십삼각형처럼 많은 변으로 이루어진 모양은 쉽게 볼 수 없어요.

오각형 육각형 팔각형 구각형 십각형 십일각형 십이각형 십삼각형

변의 수가 점차 많아질수록, 다각형은 점점 원에 가깝게 보여요. 그러니까 원을 묘사할 때, 무한히 많은 변으로 이루어진 정다각형이라고 해도 되겠죠.

각 더하기

다각형의 내각이 얼마인지 계산하는 좋은 방법이 있어요. 오각형을 이용해서 설명해 볼까요. 먼저 a라고 적힌 외각에 대해서 생각해 봐요. 중심의 한 점을 향해서 이 도형이 점점 작아진다고 상상해 봐요. 결국 원의 중심각인 360°와 똑같아질 거예요. 따라서 오각형의 한 외각은 360°의 5분의 1인 72°예요. 그러면 내각 b도 저절로 알 수 있어요. 아래 그림에서 볼 수 있듯이 a와 b의 합은 180°이거든요. 따라서 a=72°, b=108°예요.

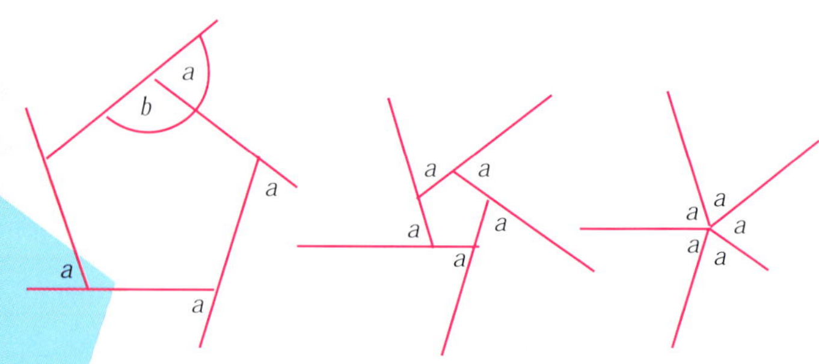

자연의 오각형

자연 속에서 오각형을 찾는 일은 드물어요. 사과를 반으로 자르면 씨 5개가 오각형 모양으로 배열되어 있는 것을 볼 수 있어요. 불가사리와 바다 성게의 몸도 오각형을 이루고 있어요.

정오각형 타일로 평면을 빈틈없이 덮을 수 있을까요?

오각형 타일은 한 점을 중심으로 붙여진 타일의 내각의 합이 360°로 딱 맞지 않기 때문에, 평면을 빈틈없이 꽉 채울 수 없어요. 하지만 오각형 타일에 육각형 타일을 섞으면 3차원 공간의 둥근 표면을 빈틈없이 덮을 수 있어요. 축구공이 바로 이렇게 만들어졌어요.

오각형 만들기

약 3cm 폭으로 자른 종이로 매듭을 만들어요. 천천히 평평해지도록 매듭을 조여요. 그럼 오각형이 만들어질 거예요. 그리고 이것을 빛에 비춰 보면, 별 모양을 볼 수 있어요.

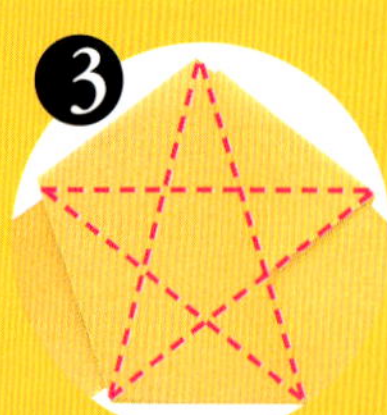

눈송이 이야기

육각형은 자연 속에서 쉽게 찾아볼 수 있어요. 눈송이는 육각형의 얼음 결정이 엉겨 붙어서 만들어진 거예요. 이 때문에 눈송이들의 모양은 조금씩 다르지만, 모두 반드시 6개의 갈래로 되어 있어요. 벌들은 육각형 모양의 방을 빈틈없이 이어놓은 벌집에 꿀을 모아요. 그리고 곤충의 눈은 육각형 모양의 홑눈 다발로 이루어져 있어요. 북아일랜드의 자이언츠 코즈웨이(거인의 둑길)와 같은 곳에서는 심지어 육각형의 바위를 볼 수 있어요.

서로 빈틈없이 조이기

자연 속에서 육각형 모양을 많이 볼 수 있는 주된 이유는, 원형의 사물들이 서로 빈틈없이 조여들 때 자연스럽게 형성되는 모양이 육각형이기 때문이에요. 같은 크기의 동전 몇 개를, 가능한 한 좁은 넓이에 들어가도록 밀착시켜 봐요. 그럼 벌집과 같은 육각형 모양을 볼 수 있을 거예요.

이렇게 해 보자

육각형 딱지를 만들어 봐요.

육각형 딱지는 6개의 변과 6개의 꼭지점과 6개의 면 그리고 6가지 색깔을 가지는 재미있는 장난감이에요. 이것을 눌러서 펼 때마다, 다른 색깔의 육각형 딱지로 바뀌지요. 조금만 연습하면, 6가지 색깔이 각각 나타나도록 만들 수 있어요. 어떻게 만드는지 그 방법은 95쪽에 설명해 놓았어요.

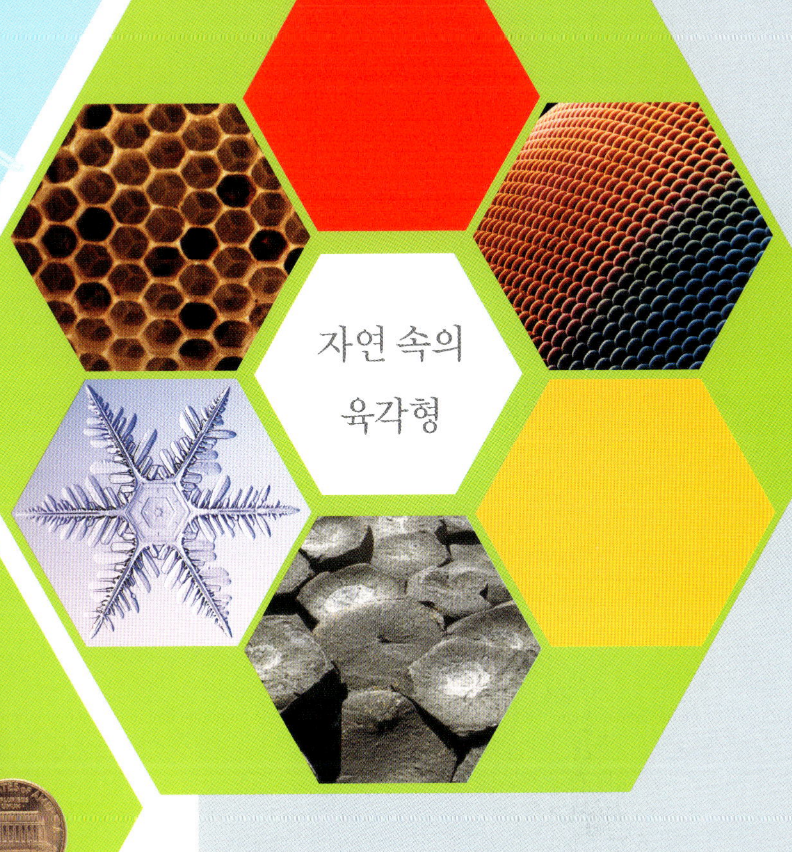

마법 거울

흰 종이 위에 두꺼운 검은 선분을 그려요. 선분을 사이에 두고 두 개의 거울을 서로 수직으로 세워 놓아요. 그리고 거울을 들여다봐요. 사각형 한 개가 보일 거예요. 거울 사이의 각도를 바꾸면 삼각형, 오각형, 육각형 등 여러 가지 다각형이 신비하게 나타나는 것을 볼 수 있어요.

삼차원 도형

오일러의 법칙

위대한 수학자 중 한 사람인 독일의 레온하르트 오일러는 75권의 책을 썼어요. 오일러는 인생의 마지막 17년 동안 눈이 보이지 않았지만, 이 기간 동안 그의 최고의 논문이라고 불리는 것을 반이나 썼어요. 오일러의 가장 유명한 발견 중 하나는 '플라톤 입체'에 관한 거예요. 오일러는 3차원 도형에서 면과 모서리와 꼭지점의 수가 간단한 수학적 법칙을 따른다는 것을 발견했어요. 각 도형의 면과 모서리와 꼭지점의 수를 세어서 아래 표의 빈칸을 채워 봐요. 그리고 법칙을 찾아봐요.

(힌트: 각 입체 도형에 대해, 꼭지점과 면의 수를 더해 모서리의 수와 비교해 봐요.)

레온하르트 오일러
(1707~1783)

	면	모서리	꼭지점
정육면체	6	12	8
정사면체	?	?	?
정팔면체	?	?	?
정십이면체	12	30	20
정이십면체	?	30	12

정사면체

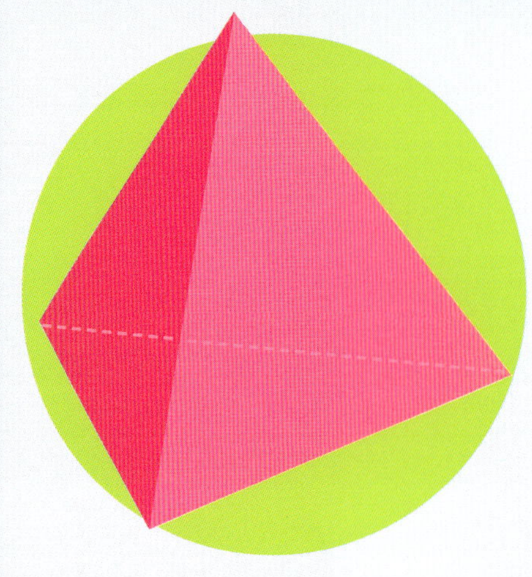

• 정사면체는 4개의 합동인 삼각형으로 이루어져 있어요.

• 정사면체는 각뿔의 하나이며, 밑면이 삼각형으로 되어 있어요.

• 고대 그리스 사람들은 우주가 4가지 원소인 흙, 공기, 불, 물로 이루어져 있다고 생각했어요. 정사면체는 플라톤 입체 중에서 꼭지점이 가장 날카로워, 그리스 사람들은 불이 정사면체인 원자로 이루어져 있다고 생각했어요.

• 정사면체는 삼각형으로 이루어져 있기 때문에 아주 단단해요. 가장 단단한 물질이라고 알려진 다이아몬드는 원자가 정사면체 구조로 연결되어 있어요.

정육면체

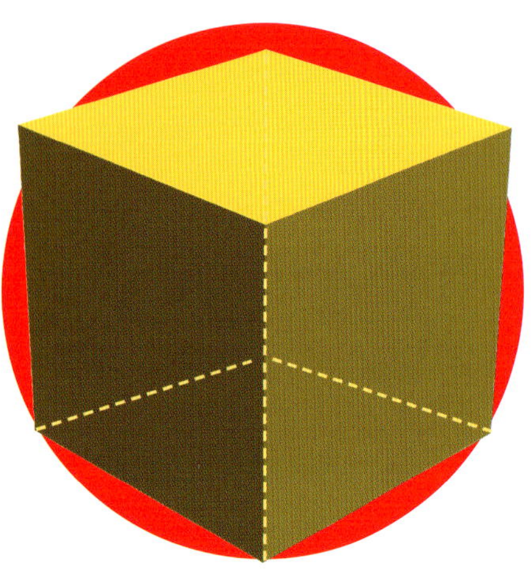

• 정육면체는 직각으로 연결된 6개의 정사각형으로 이루어져 있어요.

• 정육면체는 빈틈이 전혀 없이 쉽게 쌓을 수 있어요.

• 그리스 사람들은 정육면체가 이렇게 서로 단단히 고정시켜서 안정되어 보이므로 흙 원소를 대표한다고 생각했어요. 또 바위가 틀림없이 정육면체 원자로 이루어져 있다고 생각했어요.

• 소금을 비롯한 어떤 수정의 원자는 정육면체 형태로 배열되어 있어요. 그래서 자연스럽게 정육면체 모양의 결정을 만들죠.

• 정육면체의 4차원 형태는 '하이퍼큐브'라고 해요. 이 모양은 우리가 사는 우주에서는 존재할 수 없어요. 하지만 수학자들은 머릿속으로 하이퍼큐브가 32개의 모서리와 16개의 꼭지점, 24개의 면을 가진다고 생각해요.

고대 그리스 사람들은 우주가

변의 길이가 모두 같은 다각형을 정다각형이라고 하며, 변의 수를 무한히 늘려 가면 무한 수의 정다각형을 만들 수 있어요. 또 모든 면이 합동인 정다각형이고, 각 꼭지점에 모인 면의 수가 모두 같은 입체도형을 정다면체라고 해요. 그럼 3차원 공간에 존재할 수 있는 정다면체는 몇 개일까요? 고대 그리스 사람들은 이런 정다면체는 5개뿐이라는 것을 발견했어요. 이것을 '플라톤 입체' 라고 해요. 그들은 신이 이런 모양을 이용해서 전 우주를 창조했다고 생각했어요.

정팔면체

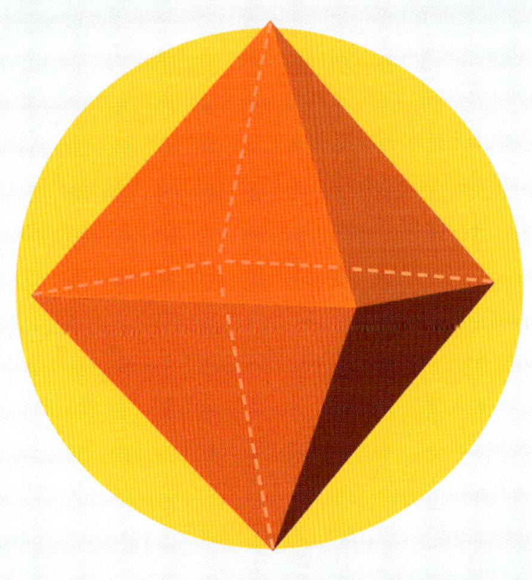

- 정팔면체는 두 개의 사각뿔을 붙여 놓은 것과 같은 모양으로, 8개의 합동인 정삼각형으로 이루어져 있어요.
- 정팔면체, 정사면체, 정육면체는 한 공간을 빈틈없이 완전히 꽉 채울 수 있어요.
- 그리스 사람들은 정팔면체가 정사면체(불)와 정육면체(흙)의 중간 정도인 존재로 생각했어요. 그래서 정팔면체가 공기 원소를 대표한다고 결정했어요.
- 정팔면체와 정육면체는 **쌍대 도형**이에요. 만약 정팔면체의 꼭지점을 깎으면, 정육면체가 될 거예요. 반대로 정육면체의 꼭지점을 깎으면 정팔면체가 될 거고요. 그리고 두 도형을 서로 끼워 넣으면, 한 도형의 각 꼭지점은 다른 도형의 모든 면의 중앙을 꿰뚫고 나오는 모양이 돼요.

정십이면체

- 정십이면체는 12개의 정오각형으로 만들어져 있어요.
- 그리스 사람들은 우주가 4가지 원소로 이루어져 있다고 생각했기 때문에, 각 원소를 대표하는 도형은 4개만 필요했어요. 하지만 정다면체는 모두 5개로 1개가 남는데, 그것이 바로 정십이면체였어요. 그래서 정십이면체가 우주의 형태를 대표한다고 생각했어요. 정십이면체가 12궁도의 12개의 별자리에 대응하는 12개의 면을 가지기 때문이래요.
- 정십이면체와 정이십면체는 정육면체와 정팔면체의 관계와 마찬가지로 **쌍대 도형**이에요. 만약 정십이면체의 꼭지점을 깎는다면, 정이십면체를 얻게 될 거예요. 반대로 해도 마찬가지예요.

정이십면체

- 정이십면체는 20개의 합동인 정삼각형으로 이루어져 있어요.
- 그리스 사람들은 정이십면체가 물 원소를 대표한다고 생각했어요. 아마도 물이 흘러가는 것과 같이 정이십면체가 가장 쉽게 구를 수 있다고 생각했기 때문일 거예요.
- 정이십면체는 놀라울 정도로 자연 세계와 연관되어 있어요. 수두를 포함한 어떤 바이러스나 미세한 바다 생물은 정이십면체 모양으로 생겼어요.
- 만약 정이십면체와 정십이면체를 서로 끼워 넣는다면, 각각의 꼭지점은 서로 다른 도형의 모든 면의 중앙을 꿰뚫고 나오는 모양이 돼요.

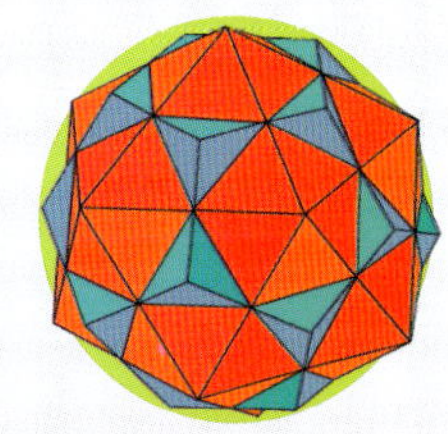

정십이면체 모양이라고 생각했어요.

축구공과 버키공

축구공 모양은 정이십면체의 꼭지점 부분을 모두 깎아서, 20개의 정육각형과 12개의 정오각형이 되도록 만든 거예요. 그래서 축구공 모양의 다면체를 '끝을 깎은 정이십면체' 라고 해요. (실제로 축구공에는 반드시 12개의 정오각형이 들어 있어요. 하지만 다른 면들은 여러 가지 모양과 수로 만들어져 있어요.) 1985년에 세 명의 과학자들이 축구공과 똑같은 모양의 분자 구조를 갖는 화합물을 발견해서, 세계를 놀라게 했어요. 이 화합물의 각각의 분자는 정육각형과 정오각형으로 배열된 60개의 탄소 원자로 이루어져 있어요. 화학자들은 이 화합물을 '버키공' 이라고 불렀고, 이것으로 노벨상을 받았어요.

둥근 지붕

돔은 끝을 깎은 정이십면체를 바탕으로 이루어진 거예요. 돔의 뼈대는 육각형과 오각형으로 배열된 금속 버팀목들로 구성되어 있어요. 하나의 반구에서 육각형의 수는 달라질 수 있지만, 오각형은 반드시 6개가 들어 있어요. 그리고 육각형과 오각형은 무수히 많은 삼각형들로 나뉘어요. 이렇게 삼각형들로 이루어진 돔은 놀라운 정도로 단단한 구조를 만들어요. 그래서 지진이나 허리케인, 어마어마한 눈에 파묻혀도 견딜 수 있어요. 심지어 지구상에서 최악의 날씨인 남극에도 돔이 있어요.

직접 다면체를 만들어 봐요.

봉투로 사면체를 만드는 쉬운 방법

1
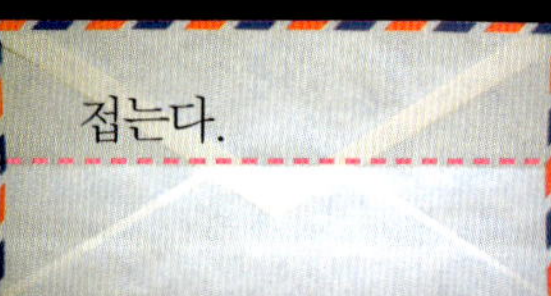

봉투의 뚜껑을 풀로 붙이고, 가로로 반으로 살짝 접었다 펴요.

2

한 꼭지점 부분이 가운데 접은 선과 만나도록 접고, 만나는 점을 표시해요.

3

표시된 점을 지나도록 반듯하게 잘라요. 표시된 점을 한 끝으로 종이의 양쪽 부분을 접어요.

4

봉투의 벌어진 쪽을 열어서 사면체를 만들어요.

이십면체 만들기

두꺼운 종이를 가로 21cm, 세로 13cm인 직사각형 모양으로 3장 잘라서, 20면체를 만들어 봐요. 모든 꼭지점 부분에는 아주 작게 가위집을 내요.

1

종이의 중앙 부분에 13cm 길이의 틈을 만들어요. 어려우면 어른에게 도와달라고 해요.

2

1장은 중앙 부분의 틈이 한쪽 끝까지 연결되도록 잘라요.

3
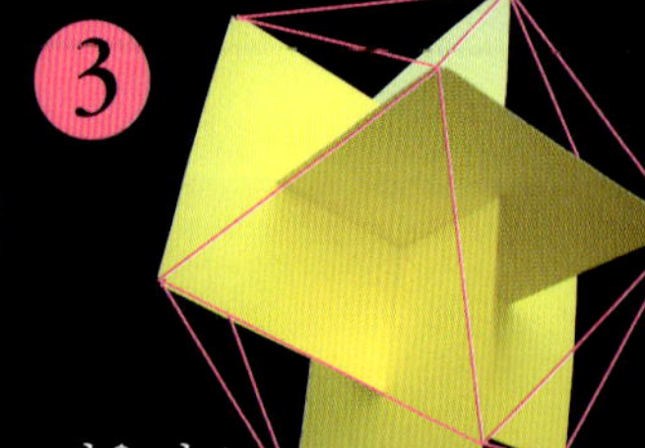

3장을 서로 끼워서 이십면체를 만들어 봐요.

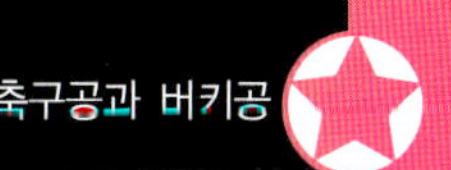

입체로 보이는 십이면체 만들기

1 크기가 약 2배가 되도록 위의 오각별 모양을 복사해서, 선을 따라 오려요. 또 이걸 이용해 두꺼운 종이에 오각형을 그려서 오려요. 오각별 모양의 중앙에 있는 오각형 둘레에 칼자국을 내요.

2 칼자국을 따라 오각형을 안쪽으로 구부려서 중앙의 오각형이 볼록 튀어나와 보이게 해요. ①에서 만든 오각형 판에 오각별이 오목하게 걸치도록 고무줄로 묶어요. 어때요? 십이면체가 입체로 보이나요?

정육면체 퍼즐

27개의 작은 정육면체로 이루어진 정육면체 퍼즐을 선을 따라 칼로 잘라낼 때, 칼을 가장 적게 대고 정육면체 퍼즐이 27개의 작은 조각으로 나뉘도록 하려면 칼질을 몇 번 해야 할까요? 답은 93쪽에 나와 있어요.

풀어 보세요

굴러가는 동전

동전 2개를 그림과 같이 나란히 놓아요. 왼쪽 동전을 오른쪽 동전 둘레를 따라 굴려서 오른쪽 동전의 오른쪽 옆으로 옮겨 놓아요. 왼쪽 동전의 윗부분이 어디를 향할까요?

곰 사냥

곰 사냥꾼이 야영장을 떠나서 남쪽으로 8km를 걸었어요. 그리고 왼쪽으로 돌아서 동쪽으로 8km를 걸었어요. 거기서 곰을 만났어요. 곰이 덤벼들자, 그는 왼쪽으로 돌아서 북쪽을 향해 8km를 달려 도망갔어요. 그랬더니 어느새 야영장으로 다시 돌아오게 됐어요. 그가 만난 곰은 어떤 색이었을까요?

크리스마스이브에 일어난 일

크리스마스이브에 공항에서 한 여자가 울고 있었어요. 그때 지나가던 남자가 그 여자를 보고, 무슨 문제가 생겼는지 물었어요. 여자는 대답했어요. "비행기 표를 잃어버려서 크리스마스에 집에 갈 수가 없어요." 그러자 남자가 말했어요. "걱정 마세요. 나도 크리스마스라 집에 가는 길이니 내 전용 비행기로 당신을 데려다 줄 테니까요." 여자는 "하지만 내가 어디로 가는지 모르잖아요."하고 말했어요. 남자는 "걱정 마세요. 어디든 상관없습니다."하고 대답했어요. 남자는 어디로 가는 걸까요?

돌고 돈다

원을 맨손으로 그리기는 어려워요. 손으로 원을 아주 잘 그린다면, 미술에 재능이 있을지도 몰라요. 컴퍼스를 사용하면 누구나 쉽게 완벽한 원을 그릴 수 있어요. 그리고 여러 가지 신기한 모양이나 그림도 그릴 수 있답니다.

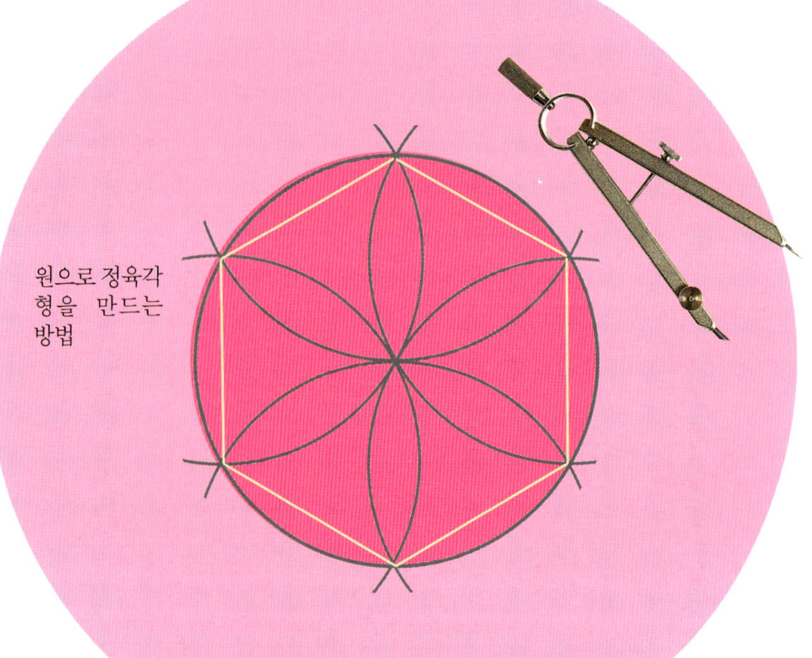

원으로 정육각형을 만드는 방법

원으로 모양 만들기

고대 그리스 사람들은 원을 아주 좋아했어요. 그들은 자처럼 곧은 사물의 모서리와 컴퍼스를 이용하면 원으로부터 정육각형, 정사각형 등 여러 가지 모양을 만들 수 있다는 사실을 발견했어요. 그럼 육각형은 어떻게 그릴까요? 먼저 컴퍼스로 원을 그려요. 그리고 그 컴퍼스를 그대로 유지한 채 원 위의 한 점에 컴퍼스의 침을 꽂고 원 안쪽으로 곡선을 그려요. 컴퍼스의 침을 원과 곡선이 만나는 점 위에 꽂고, 다시 원 안쪽으로 곡선을 그려요. 같은 방법으로 계속 반지름의 길이가 같은 곡선을 그려 봐요. 다 그렸으면, 자를 이용하여 원과 곡선이 만나는 점들을 차례로 직선으로 이어요.

파이의 값

그리스 사람들은 원에서 원주와 지름의 길이의 비율인 원주율(π: 파이)에도 관심이 많았어요. 원주율을 정확히 측정할 수는 없지만, 그리스 사람들은 다른 모양과 원을 비교해 가면서 원주율을 측정하는 일을 계속해 나갔어요.

다음의 문제를 풀어 봐요. 여기에 크게 그려진 파란 고리와 중앙에 그려진 빨강, 분홍, 하얀 세 개의 고리를 합한 것 중 어느 것이 더 넓을까요?(힌트 : 원의 넓이는 πr^2으로 구할 수 있어요.)

정사각형 안에 원이 있어요.

이 원의 지름이 1이라면, 원주와 원주율의 값은 같겠죠. 이때 정사각형의 변의 길이는 모두 1이니까, 둘레의 길이는 4예요. 따라서 원주율은 4보다 작다는 것을 알 수 있어요.

정육각형 밖에 원이 있어요.

원의 지름이 1이라면, 원주와 원주율은 같아요. 그럼 정육각형의 둘레의 길이는 얼마나 될까요? 원의 반지름이 0.5이므로, 정육각형 각 변의 길이도 모두 0.5가 돼요. 따라서 정육각형의 둘레의 길이는 3이 되죠. 원은 육각형보다 조금 크기 때문에, 원주율도 3보다 조금 크다는 것을 알 수 있어요. 그리스의 수학자 아르키메데스는 이런 방식으로 육각형에서 팔각형으로 계속 변의 수가 더 많은 정다각형을 만들어가면서 원주율에 좀 더 가까운 값을 구해 나갔어요. 이렇게 해서 그는 결국 정96각형을 그렸고, 원주율이 $\frac{223}{71}$에서 $\frac{220}{70}$ 사이의 값이라는 것을 증명했어요.

편안히 잠들라
아르키메데스
기원전 287~212년

어느 수학자의 죽음

전해 오는 이야기에 따르면, 아르키메데스가 마당에서 원을 그리고 있었는데 한 로마 병사가 들어와서 그 원을 밟았어요. 그러자 아르키메데스가 "내 원을 밟지 마." 하고 소리쳤고, 이 말에 화가 난 병사가 그를 죽였다고 해요. 아르키메데스의 최고의 업적은 구의 부피와 겉넓이를 구하는 공식을 알아낸 일이에요. 그는 나무 모형을 연구하다가 이것을 발견했다고 해요. 아르키메데스는 이것을 기념하기 위해서 평소에 자신이 죽으면 묘비에 구와 원기둥 모양을 새겨 달라고 했어요.

둥근 세계

또 한 명의 그리스 수학자인 에라토스테네스는 지금으로부터 약 2300년 전에 이집트에 살았어요. 그는 원에 관한 수학을 이용하여 지구가 둥글다는 것을 증명했고, 또 지구의 크기를 측정했어요. 당시 사람들은 지구가 평평하다고 생각했기 때문에 이 일은 놀라운 일이었어요. 도대체 어떻게 지구의 크기를 잴 수 있었을까요?

에라토스테네스는 남부 이집트의 시에네에서는 한여름에 태양이 머리 위에 있을 때, 햇빛이 수직으로 내리 쏘인다는 사실을 알았어요. 그래서 바로 그 날이 되자, 그는 북쪽의 알렉산드리아에서 햇빛의 각도를 측정했어요. 그랬더니 햇빛이 지면과 7.2°의 각도로 아주 작은 그림자를 만드는 것을 발견했어요. 그는 지구가 공 모양이기 때문에 이런 각도가 나온다는 것을 깨달았어요.

태양 광선은 항상 평행하기 때문에, 에라토스테네스는 시에네와 알렉산드리아 사이의 거리에 대한 지구 중심각의 크기가 7.2°라는 것을 알 수 있었어요. 이것은 원의 중심각인 360°의 $\frac{1}{50}$이에요. 따라서 지구 둘레는, 두 도시 사이의 거리인 800km에 50을 곱해서 40,000km가 된다고 계산했어요. 이 방법은 2000년 동안 지구 둘레의 길이에 관한 가장 정확한 어림값이었어요.(현재 우리가 알고 있는 지구 둘레의 값은 40,077km예요.)

원뿔과 곡선

원뿔 자르기

고대 그리스의 수학자 아폴로니우스는 원뿔 모양을 잘라서 중요한 곡선인 원, 타원, 포물선, 쌍곡선을 만들어 낼 수 있다는 것을 발견했어요. 다음은 가장 중요한 4개의 수학 곡선이에요.

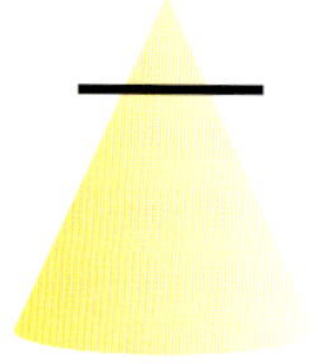

원뿔을 가로로 밑면과 평행하게 잘라 내었을 때, 그 단면의 테두리 곡선은 **원**이에요.

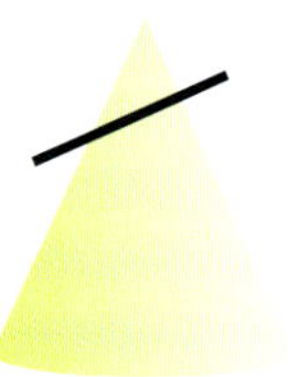

원뿔을 비스듬히 잘라 낼 때 생기는 곡선은 달걀 모양의 **타원**이에요.

원뿔을 모선의 기울기와 평행하게 잘라 낼 때 생기는 곡선은 **포물선**이에요.

꼭지점끼리 맞닿은 두 개의 원뿔을 밑면에 수직이 되도록 잘라 낼 때 생기는 두 개의 곡선은 **쌍곡선**이에요.

원 모양의 물체를 실제로 볼 때는 옆에서 비스듬히 보게 되므로, 타원 모양으로 보여요.

공을 높게 또는 멀리 던질 때, 공은 포물선이라는 곡선 모양으로 날아가서 땅에 떨어져요. 포물선은 그리스인들이 발견했어요. 과학자들은 약 400년 전부터 이 곡선을 연구하기 시작했지요. 그리고 '세상의 모든 물체는, 중력이라는 신비한 힘으로 다른 물체를 끌어당긴다.' 라는 변하지 않는 진리를 발견했어요.

포물선이란 무엇인가?

축구공, 튀어 오르는 돌고래, 폭포, 대포알 등이 공중을 가르며 날아갈 때는, 곡선을 그리면서 날아가요. 위대한 이탈리아의 과학자 갈릴레오는 이 곡선이 바로 포물선이라는 것을 발견했어요. 갈릴레오는 대포알을 쏘면 가로 방향으로 일정한 속도로 날아가다가(공기의 저항에 상관없이 일정해요.) 지구가 끌어당기는 힘인 중력에 의해 점점 더 빠른 속도로 세로 방향으로 똑바로 떨어진다는 것을 깨달았어요. 결국 대포알이 날아가는 곡선은 점점 더 기울어지는데, 이것이 바로 포물선이에요.

1 4

왜 달은 지구로

갈릴레오가 새로운 사실을 발견함으로써 세상을 변화시키자, 사람들은 성벽을 쌓는 것을 그만 두었어요. 그리고 성의 벽 너머로 대포를 발사한 포병은 처음으로 대포알이 땅에 떨어지는 정확한 지점을 알아낼 수 있었어요. 그 후에 케플러라는 사람은 행성들이 태양 주위를 타원 궤도로 돈다는 사실을 발견했어요. 그리고 천재 과학자 뉴턴은 달이 대포알처럼 움직인다는 것을 알아냈지요. 그럼 왜 달이 지구로 떨어지지 않는 걸까요? 뉴턴은 달

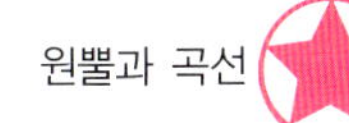

행성인 지구는 태양의 궤도를 따라 타원 모양으로 돈다.

타원을 그려 봐요. 먼저 종이 위에 핀 두 개를 꽂아요. 그리고 실을 둥글게 묶어서 두 개의 핀에 걸어요. 이제 연필로 실을 팽팽하게 잡아당기면서 선을 그리면 돼요.

타원이란 무엇인가?

타원은 원을 옆으로 잡아당긴 모양과 같아요. 수학을 이용해서 더 정확하게 말해 볼게요. 타원에는 초점이라는 두 점이 있어요. 타원은 이 두 개의 초점으로부터 거리의 합이 같은 지점에 있는 모든 점들을 이어서 만든 곡선이랍니다.

행성들이 태양 주위를 원 궤도로 돈다고 생각하는 사람이 있나요? 행성은 원 궤도가 아니라 타원 궤도로 돌고 있답니다. 그리고 이 타원 궤도의 두 초점 중 하나에 태양이 자리 잡고 있어요. 또 하나의 초점에는 뭐가 있냐고요? 그냥 텅 비어 있어요.

16

9

갈릴레오는 대포알과 제곱수의 관계를 발견했어요. 1초 동안 대포알이 떨어진 거리에 대해서 2초 동안 떨어진 거리는 그 4배가 되고, 3초 동안 떨어진 거리는 그 9배가 돼요. 이와 같이 대포알이 떨어진 거리는 시간의 제곱에 비례해서 증가해요.

떨어지지 않을까?

이 지구를 향해서 떨어지는 가속도보다 더 빠른 속도로 움직이는데, 이 속도는 달의 타원 궤도가 정확히 유지될 수 있는 속도라고 설명했어요. 뉴턴은 갈릴레오와 케플러의 연구를 합쳐서 중력의 힘이 어떻게 작용하는지를 발견한 거예요.

더 알아보기

여러 개의 직선으로 곡선 만들기

뉴턴은 중력에 대한 자신의 이론을 증명하기 위해 **유율**이라는 수학의 새로운 분야를 만들었어요. 지금은 **유율**이라고 하지 않고 **미적분학**이라고 해요. 미적분학은 가속하는 로켓의 빠르기와 같이 계속 변화하는 속도를 구하는 데 유용해요. 오른쪽 그래프에서는 계속해서 변화하는 직선들이 모여 곡선을 이루는 것을 볼 수 있어요.

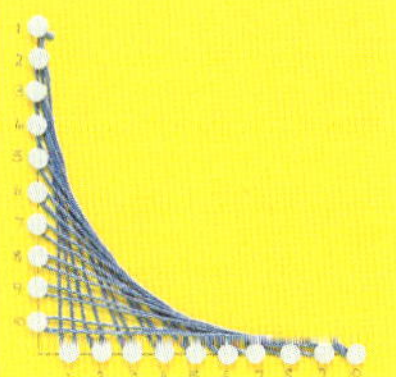

교묘한 방법

고대 그리스 사람들은 미적분학을 몰랐지만, 아르키메데스는 포물선의 넓이가 그 포물선을 둘러싼 정사각형 넓이의 3분의 2라는 것을 증명했어요. 포물선과 정사각형을 종이에 그려서 각각 오린 후, 무게를 재어서 비교했대요.

유용한 쌍곡선들

포물면 거울에 반사된 빛은 한 점에서 모여요. 그 점을 초점이라고 해요. 이 원리를 이용해서 포물면 모양의 위성용 접시 안테나는 인공위성으로부터 오는 희미한 신호를 검파기로 모아 줘요.

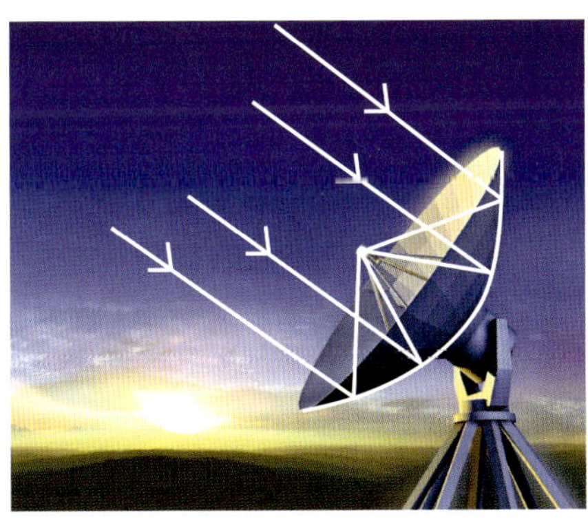

전파망원경은 포물면 거울을 이용해서 외부로부터 오는 아주 희미한 신호를 모아요.

잡아당긴 도형

3차원 도형들 중에도 위상적으로 같은 것들이 있어요. 예를 들어서, 주사위와 구슬은 위상적으로 서로 같지만, 도넛은 위상적으로 같지 않아요. 주사위나 구슬에 구멍을 뚫어야만 도넛을 만들 수 있기 때문이에요. 하지만 컵과 도넛은 위상적으로 같아요. 컵도 도넛과 마찬가지로 구멍이 딱 한 개뿐이거든요.

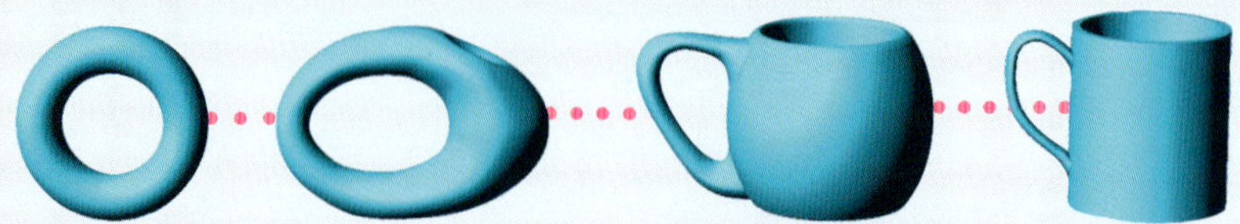

뫼비우스의 띠 만들기

종이 한 장에는 면이 얼마나 있을까요? 당연히 앞면과 뒷면 이렇게 '둘' 이에요. 그럼 면이 하나밖에 없는 종이를 만들 수 있을까요? 수학자인 뫼비우스가 이런 이상한 종이를 발견했어요. 우리는 이것을 뫼비우스의 띠라고 불러요.

1

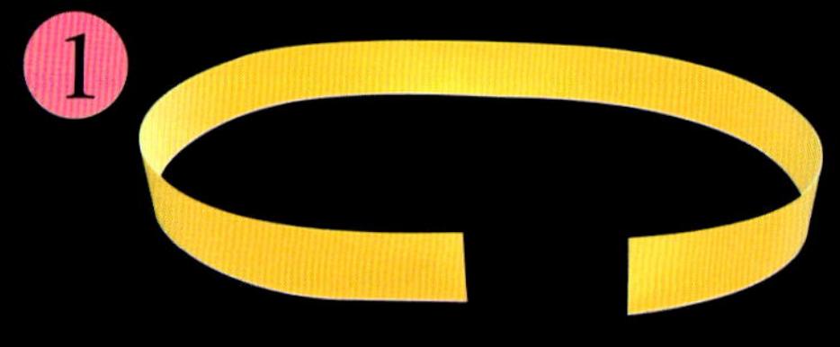

종이를 길이 20cm, 폭 2.5.cm 정도가 되도록 잘라요.

2

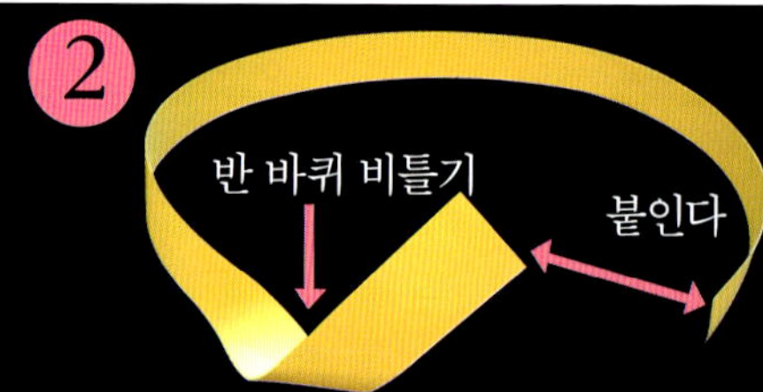

한쪽 끝을 반 바퀴 비틀어서 다른 쪽 끝에 붙이기만 하면 돼요. 이제 연필로 띠 중앙에 선을 그어 면이 정말 하나인지 확인해 봐요.

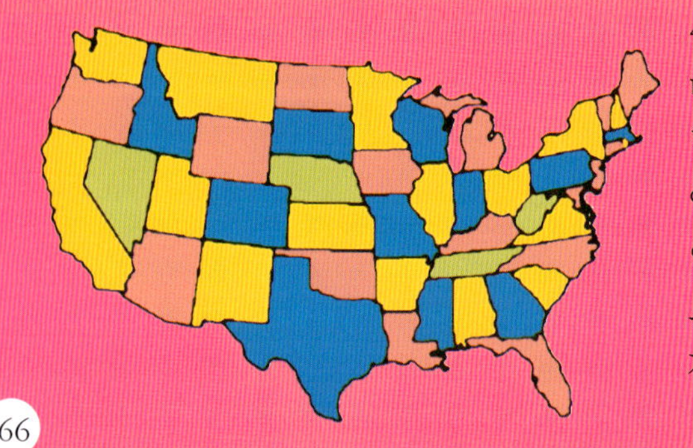

4색 문제

바로 옆에 있는 나라끼리는 서로 다른 색을 칠한다고 약속한다면, 지도를 그리는 데 최소한 몇 가지 색이 필요할까요? 이 문제는 뫼비우스가 1840년에 생각해 내었고, 1976년이 되어서야 풀렸답니다. 그것도 컴퓨터를 이용해서 1200시간이나 걸려서야 풀 수 있었어요. 하지만 이 문제는 아주 간단해 보여요. 여러분도 직접 풀어 봐요. 먼저 하나의 대륙을 그린 후에, 선으로 여러 나라를 표시해요. 하나의 색으로 대륙의 둘레인 바다를 색칠해요. 그 다음에 세 가지 색만으로 바다에 접한 나라들을 모두 색칠해 봐요. 할 수 있나요?

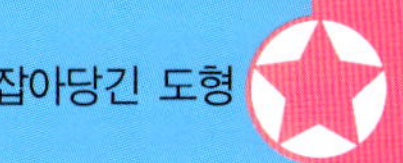

위상 기하학은 한 도형을 잡아당기거나, 수축시키거나, 비틀어서 다른 형태로 변형시킬 때, 그 변화 관계를 연구하는 학문이에요. 단, 도형을 잘라 내거나 구멍을 뚫거나 덧붙여서는 절대 안 돼요. 만약 하나의 도형을 잡아당기거나 수축시키거나 비틀어서 다른 모양으로 변형시켰다면, 그 두 도형은 **위상적으로 같다**고 해요. 원을 잘 잡아당기면 정사각형이 되므로, 원과 정사각형은 위상적으로 같아요. 하지만 8과 0은 위상적으로 같지 않아요. 8의 중간을 한 번 잘라야만 0을 만들 수 있기 때문이죠.

이 모양들을 잘 보세요.

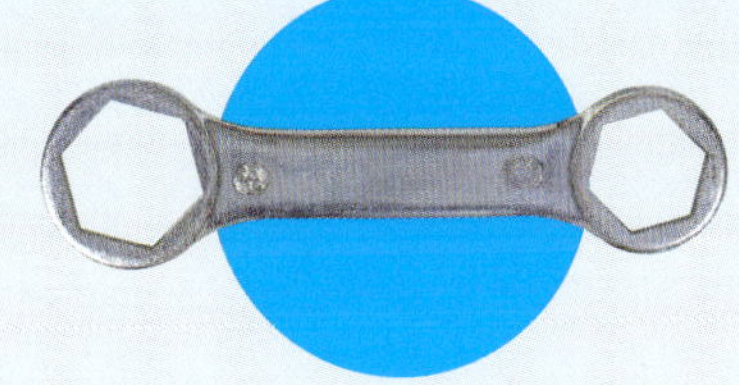

위의 물건과 위상적으로 같은 물건들을 아래에서 찾아 분류해 봐요.

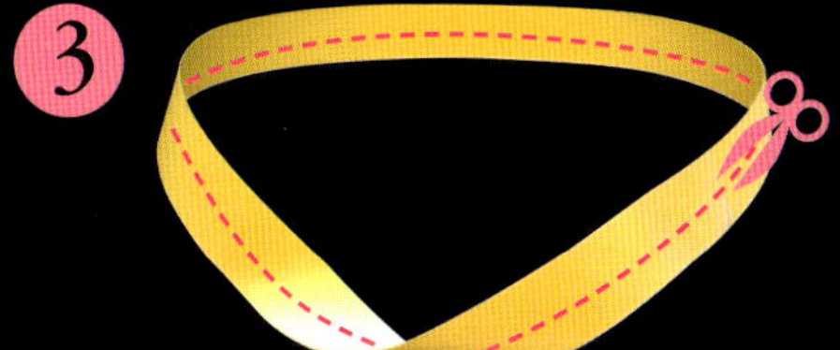

3 만약 이 띠이 중앙을 따라 가위로 오린다면 어떻게 될까요? 한번 해 봐요.

4 뫼비우스의 띠를 1개 더 만들어요. 이번에는 띠 폭의 3분의 1이 되는 지점을 따라 오려 봐요. 어떻게 될까요?

뫼비우스의 띠가 아닌 두 개의 동그란 종이 고리를 만들고, 오른쪽과 같이 두 고리를 풀로 붙여요. 그리고 고리의 가운데 선을 따라 각각 오려요. 어떤 일이 일어났나요?

마술 띠를 만들어요.

긴 종이를 지그재그로 두 번 휘어서 그림과 같이 클립 두 개를 끼워요. 종이의 양 끝을 동시에 잡아당기면 어떤 일이 일어날까요? 양 끝을 힘껏 잡아당겨 봐요. 클립 두 개가 하나로 연결되어서 공중으로 날아갔죠? 클립에는 손도 대지 않았는데 말이에요. 어때요? 마술 띠 맞죠?

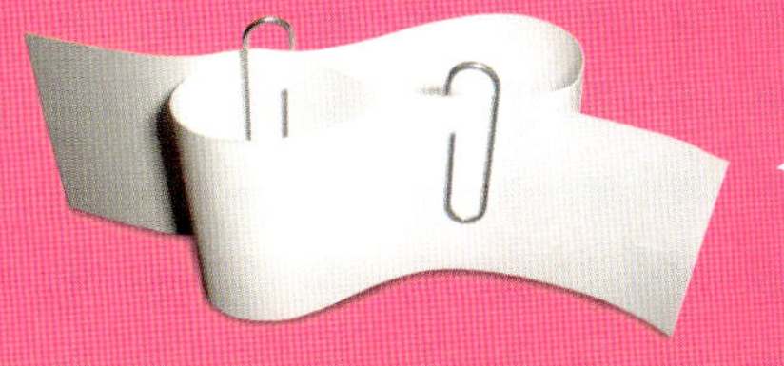

수도사 퀴즈

어느 이른 아침에 수도사가 산꼭대기에 있는 수도원으로 올라갔어요. 수도원으로 가는 길은 가팔라서 하루 종일 걸렸죠. 다음 날 수도사는 같은 길로 산에서 내려왔어요. 하지만 더 늦게 출발했고, 올라갔던 시간의 반 만에 내려왔어요. 수도사가 이틀 동안 정확히 같은 시간에 같은 장소에 있는 지점이 있을까요?

거울상 도형

더 알아보기

여러분은 얼마나 대칭적일까?
사람의 얼굴은 거의 대칭이에요. 하지만 완벽한 대칭은 아니에요. 여러분의 얼굴이 어느 정도나 대칭이 되는지 알고 싶나요? 그럼 얼굴 사진을 놓고, 얼굴의 중간을 따라 세로로 거울을 놓아 얼굴의 좌우 반쪽을 각각 비추어 봐요. 어떤가요? 컴퓨터가 있다면, 얼굴 사진을 스캔해서 좌우 반쪽을 각각 따로 반전시켜서 얼굴 두 개를 만들어 봐요.

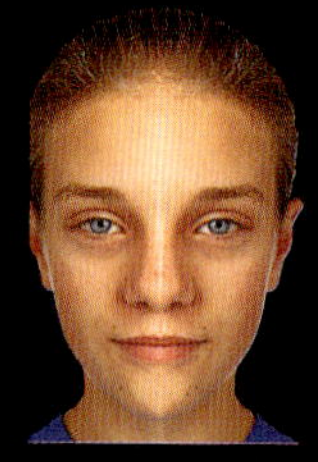

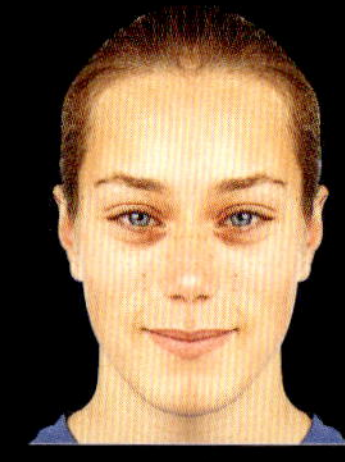

나이가 많을수록 덜 대칭인 얼굴 모양이 만들어져요. 나이가 많아질수록 얼굴의 오른쪽 부분보다는 왼쪽 부분을 더 혹사시키기 때문이에요. 부모님의 얼굴 사진으로 여러분과 비교해서 정말 덜 대칭인지 한번 확인해 봐요.

다른 사람 눈에는 내가 어떻게 보일까?
다른 사람의 눈에 비치는 '나'를 보고 싶다면, 거울 2개를 이용하면 돼요. 두 개의 거울을 직각으로 세워 놓고, 두 거울이 만나는 부분을 들여다봐요. 머리를 왼쪽이나 오른쪽으로 돌려 봐요. 이때, 거울에 비친 모습은 거울상이 아니라, 실제 '나'의 모습이에요. 다른 사람의 눈에 비치는 '나'의 모습 말이에요.

선대칭 모양은 뒤집어도 같은 모양이 돼요.

선대칭
한 사물을 반으로 나눈 두 부분이 서로 거울에 비친 모양처럼 될 때, 이 사물을 선대칭 모양이라고 해요. 인간을 포함한 대부분의 동물은 선대칭 모양이에요. 이때 중앙을 따라 그은 선을 대칭축이라고 해요. 그러니까 대칭축으로 나누어지는 두 부분은 서로 거울에 비친 모양과 같아요. 나비는 대칭축을 1개만 가져요. 하지만 정사각형은 대칭축을 4개 가지며, 원은 대칭축을 무한히 가져요.

다음 그림에는 대칭축이

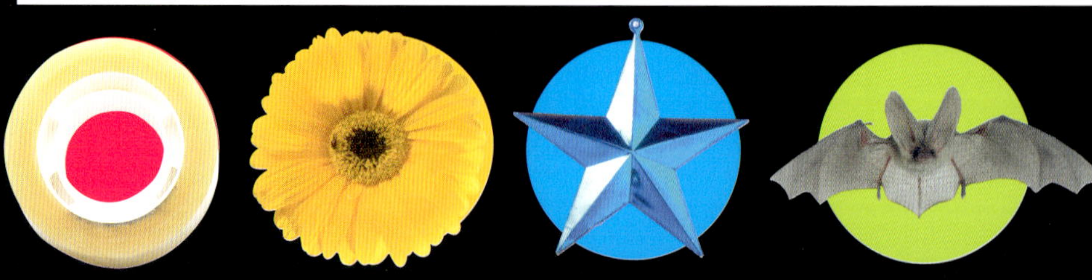

거울상 도형

회전대칭 모양은 돌려도 같은 모양이 돼요.

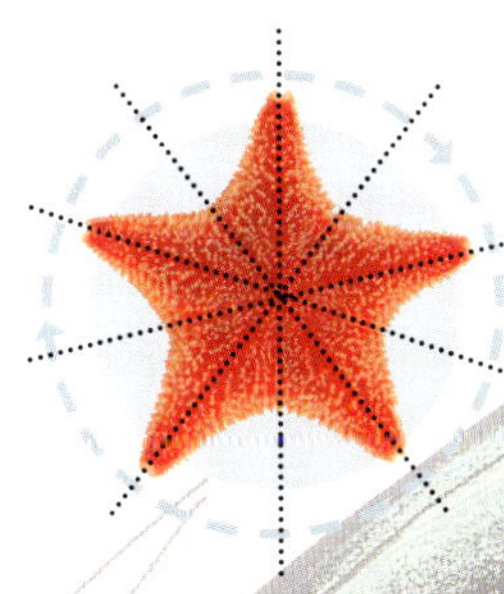

불가사리는 대칭적일까?

불가사리는 5개의 선대칭 축을 가지고 있어요. 또한 회전대칭 모양이기도 하답니다. 사물을 한 점을 중심으로 돌렸을 때, 처음의 모양과 똑같게 되는 것을 회전대칭이라고 해요. 평행사변형이나 알파벳 N, S, Z와 같은 것은 모두 회전대칭 모양이며, 선대칭 모양은 아니에요.

레오나르도 다 빈치는 거울 문자로 글씨를 썼다.

거울은 왜 세상을 뒤바뀌어 보이게 할까?

거울은 왜 왼쪽과 오른쪽은 뒤바꾸면서, 위와 아래는 그렇지 않을까요? 사실 거울은 왼쪽과 오른쪽을 전혀 뒤바꾸지 않아요. 거울 앞에 서서, 왼손을 흔들어 봐요. 거울에 비춰진 손은 여러분의 왼손이에요. 오른손을 비추는 것이 아니랍니다. 거울에 비친 여러분의 머리가 실제의 머리를 비추고 있는 것과 마찬가지로, 여러분의 실제 왼손 맞은편에 보이는 거울 속 손은 실제의 왼손을 비추는 거예요. 이런 혼란은 우리가 거울 뒤로 돌아가서 서 있는 우리 자신을 상상하려고 하기 때문에 일어나는 거예요. 거울을 나와 수직으로 놓이도록 바닥에 놓아 봐요. 내가 물구나무 서 있죠!

각각 몇 개 있나요?

한번 해 봐요

거울 문자

친구에게 다른 사람이 읽을 수 있게 종이에 이름을 써서 이마에 붙이라고 해 봐요. 이런 경우, 대부분의 사람들은 거울상으로 이름을 써서 붙인답니다. 화가 레오나르도 다 빈치는 자신의 비밀 노트를 다른 사람들이 읽기 어렵게 하기 위해서 거울 문자를 썼다고 해요.

종이 사슬 만들기

대칭 모양인 종이 사슬을 만들어 봐요. 먼저 긴

종이를 지그재그로 접어요. 제일 윗면에 사람의 반쪽 부분만 그려요. 이때 종이의 양 끝 쪽으로 팔과 다리가 뻗어 있도록 그려야 해요. 그리고 종이를 접은 채로 그린 선을 따라 오려요.

회문 만들기

앞에서부터 읽어도 뒤에서부터 읽어도 같은 문장이나 단어가 되는 것을 회문이라고 해요. 예를 들어서, '토마토'나 '다시 합창 합시다'는 회문이에요. 숫자로도 회문을 만들 수 있어요. 먼저 두 자릿수 이상인 수를 생각해요. 그리고 그 수의 앞뒤 순서를 바꾸어서 처음 수와 더해요. 회문이 만들어졌나요? 아니라면 회문이 만들어질 때까지 더해진 수를 이용해서 같은 방법으로 되풀이해요. 몇 번만 하면 대부분의 수로 회문을 만들 수 있어요. 하지만 89와 98은 24번이나 되풀이 해야 회문이 만들어져요. 그리고 196으로는 이상하게도 회문을 만들 수 없어요.

놀라운 미로

수학자 레온하르트 오일러는 미로에 관해 연구하여 '네트워크 이론'을 발견했어요.

미로의 종류

단순한 미로들

대부분의 미로는 한쪽 손으로 벽을 짚고서, 손을 떼지 않고 벽을 따라 들어가면 출구로 빠져나올 수 있어요. 아래 그림은 영국에 있는 햄프턴코트의 미로예요.

복잡한 미로들

연결되지 않은 벽으로 둘러싸인 복잡한 미로는 한 손으로 벽을 짚고 나아가는 벽따르기 법칙으로는 빠져나올 수 없어요. 아래의 미로는 두 개의 미로가 합쳐져 있어요. 미로의 중심으로 들어가는 길을 찾아본 후에, 다른 길로 미로를 탈출해 봐요.

보통 연결되지 않은 벽으로 둘러싸인 미로들이, 연결되어 있는 벽으로 둘러싸인 미로보다 풀기가 더 어려워요. 아래의 미로는 약 100년 전에 영국 수학자 볼의 집 정원에 만들어진 거예요. 이 미로는 아주 교묘해서, 벽따르기 법칙으로는 길을 찾을 수 없어요. 하지만 세 방향이 벽으로 둘러싸인 막다른 구석들을 모두 색칠하고 나면 길을 발견할 수 있어요

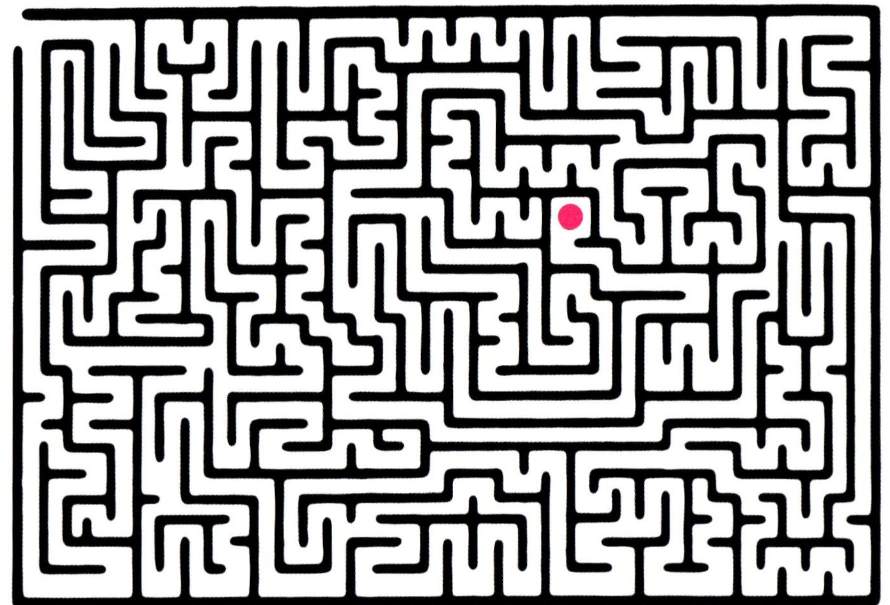

미로를 만들어요.

오른쪽과 같은 간단한 미로 형태는 핀란드부터 페루에 이르기까지 고대의 여러 유적에서 발견됐어요. 하나의 십자가 모양에서 출발해서, 여러분도 쉽게 미로를 만들 수 있어요.

1 십자가를 한 개 그린 후, 주위에 점을 5개 찍어요. 십자가의 세로줄 꼭대기에서 왼쪽 위의 점까지 이어요.

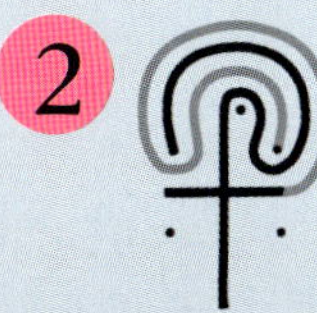

2 오른쪽 위의 점부터 십자가의 가로줄 오른쪽 끝부분까지 선으로 둘러서 이어요.

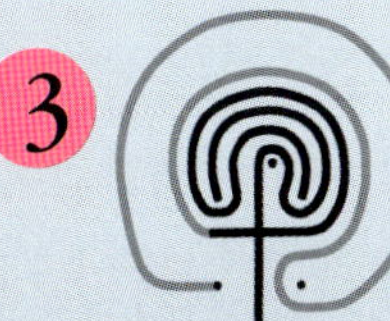

3 십자가의 가로줄 왼쪽 끝부분으로부터 그 아래에 있는 점까지 선으로 둘러서 이어요.

4 오른쪽 아래의 점부터 십자가 세로줄 아래 끝부분까지 선으로 둘러서 이어요.

보통 주사위는 서로 마주보는 면의 눈의 수를 합하면 7이 돼요. 왼쪽 그림은 여러 개의 주사위로 만들어진 미로예요. 이 미로에 있는 주사위 중 몇 개는 보통 주사위가 아니에요. 이런 주사위들을 하나씩 지나면서 미로를 빠져나와 봐요.

나선형 미로에 분홍색 점이 찍혀 있어요. 이 점들은 미로 곡선의 안쪽에 있을까요, 바깥쪽에 있을까요? 여러분은 수학적인 규칙성을 이용해서 증명할 수 있나요?

위 그림은 여러 개의 막대를 겹쳐 놓은 거예요. 보라색 막대는 다른 모든 막대들보다 가장 위에 놓여 있어요. 이제 막대를 제일 위에 놓인 것부터 하나씩 순서대로 집어내 봐요. 어떤 순서로 되어 있나요?

위의 그림에서 12개의 원을 한 번씩만 지나면서 빠짐없이 모두 지나가는 길을 찾아 봐요.
힌트 : 맨 위의 중앙에 있는 원에서 출발해서, 맨 아래의 중앙에 있는 원에서 끝이 나도록 길을 찾아봐요.

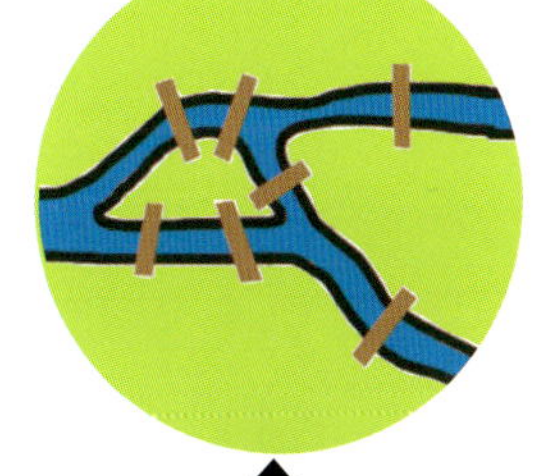

러시아의 칼리닌그라드는 18세기 동프로이센의 수도인 쾨니히스베르크였어요. 이 도시의 중앙에는 2개의 섬이 강으로 둘러싸여 있고, 강에는 7개의 다리가 있어요. 이 지역 사람들은 7개의 다리를 한 번씩만 건너서 모든 다리를 지나갈 수 없다는 것을 발견했어요. 하지만 그 이유는 몰랐지요. 오일러가 그 이유를 설명하고, 네트워크 이론이라는 수학의 새로운 분야를 개척했어요. 여러분은 그 이유를 설명할 수 있나요?

세계에서 가장 긴 울타리로 둘러싸인 미로는 영국의 롱리트 하우스에 있어요. 이 미로는 16,000그루의 영국 주목으로 만들어져 있으며, 길이가 2.7km나 된대요. 이 미로를 빠져나오는 데는 평균 90분 정도가 걸린다고 해요.

도형 퀴즈

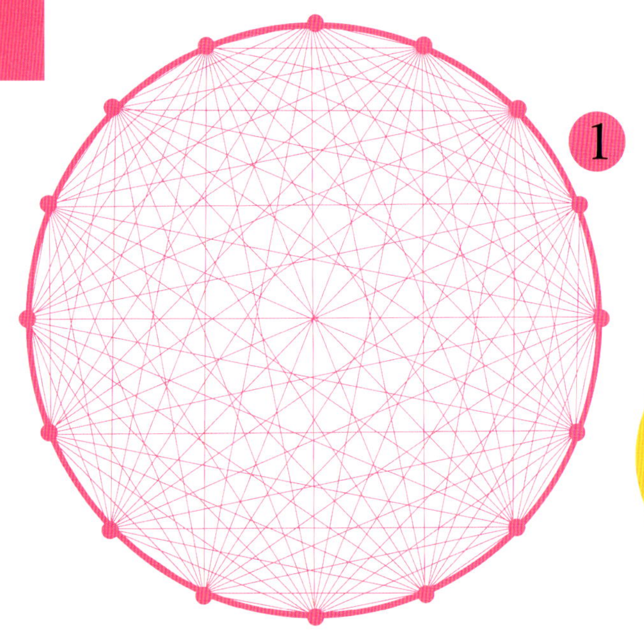

1 원 나누기

원 위에 3개의 점을 찍고, 점들을 모두 직선으로 연결하면 삼각형이 돼요. 이때 원은 네 부분으로 나뉘지요. 4개의 점은 원을 8부분으로 나누고, 5개의 점은 16부분으로 나눠요. 그럼 6개의 점을 찍고 연결하면 원은 몇 부분으로 나뉠까요? (힌트 : 32는 아니에요.)

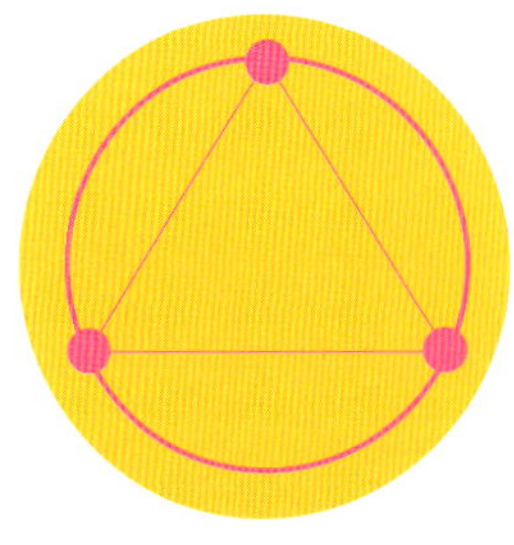

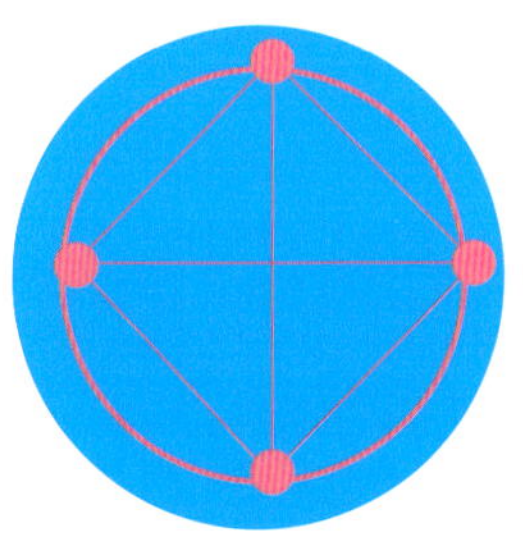

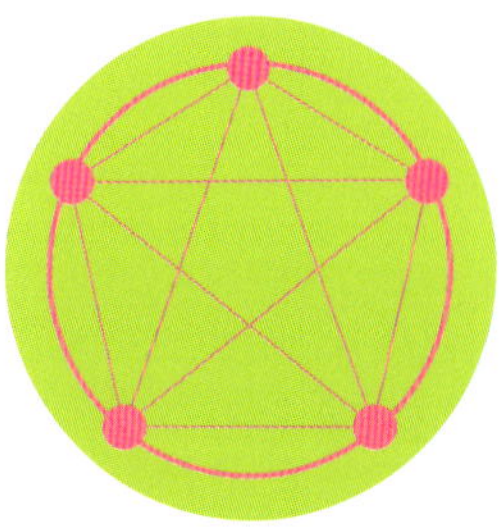

2 알파벳 퍼즐

어떤 기준으로 알파벳들을 점선 위와 아래로 구분해 두었을까요? (힌트 : 수에 관계된 문제는 아니에요.)

AEFHIKLMNTVWXYZ

BCDGJOPQRSU

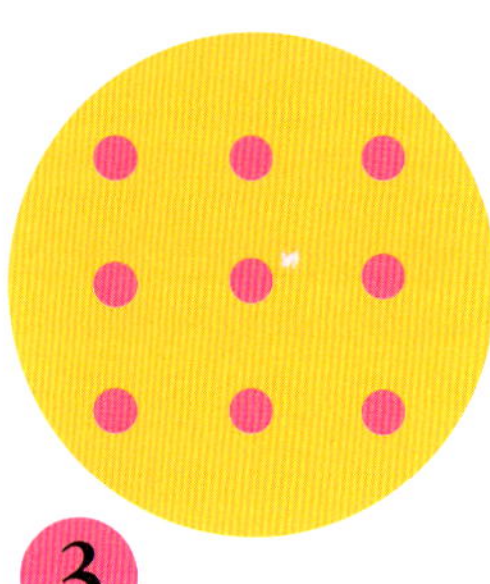

3

4개의 직선만으로 위 그림의 9개의 점을 모두 연결해 봐요.

4

어떻게 하면 칼로 3번만 잘라서 케이크를 8조각으로 나눌 수 있을까요?

5

어떻게 하면 칼로 3번만 잘라서 도넛을 12조각으로 나눌 수 있을까요?

6

어떻게 하면 컵 손잡이 구멍을 통해서 큰 도넛을 밀 수 있을까요?

7

덩굴장미 10그루를 5줄로 심으려고 해요. 각 줄에 4그루씩 심으려면, 어떻게 하면 될까요?

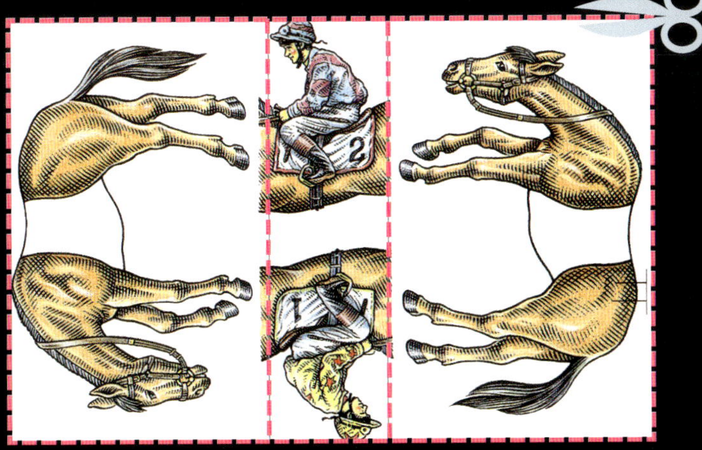

8 말들과 기수들

왼쪽 그림을 복사해서 점선을 따라 오려요. 이 세 조각으로 나뉜 그림을 종이를 자르거나 접지 않고 잘 맞추어서, 기수들이 말 등에 제대로 타고 있는 모양이 되도록 해 봐요.

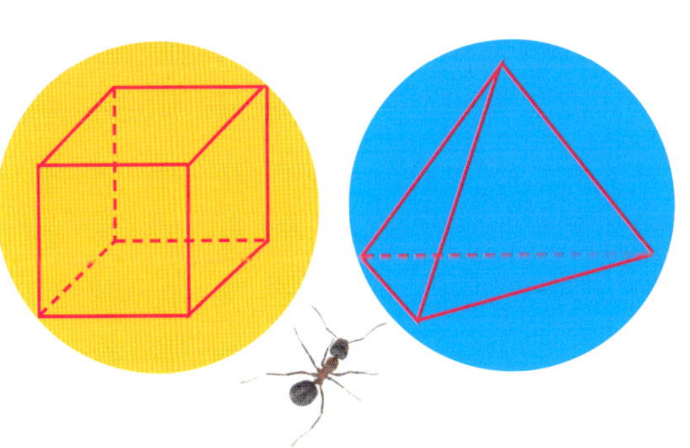

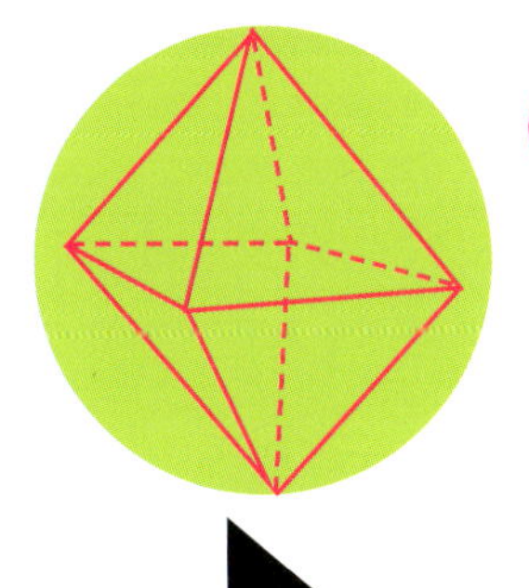

9 탐험하는 개미

개미가 왼쪽의 3가지 모양을 모서리를 따라 걷고 있다고 상상해 봐요. 각 모서리를 한 번씩만 거쳐 모든 모서리를 지나갈 수 있는 도형은 어느 것일까요? 문제가 너무 어렵다고요? 그럼 각각 도형의 모서리를 따라 한붓그리기를 해 봐요.

10 동전 밀기

평행사변형 모양으로 놓인 동전 6개 중에서 3개의 동전만을 손가락으로 밀어서 원 모양이 되도록 해요. 동전을 움직일 때, 다른 동전을 건드리면 안 되고, 옮긴 후에는 다른 두 개의 동전과 닿아 있어야 해요.

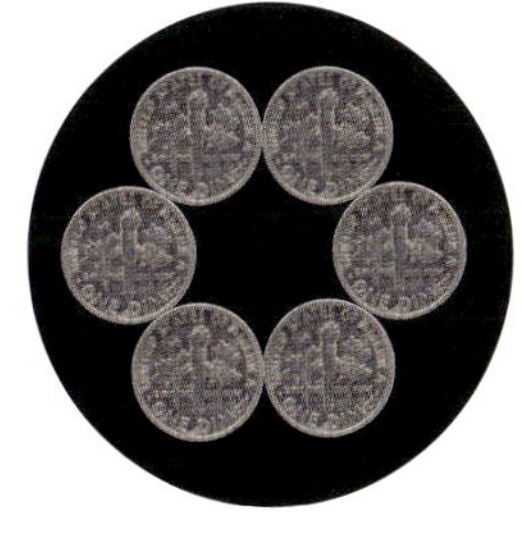

위와 같이 움직여도 안 돼요. 동전 사이를 빠져나가려면 다른 동전을 건드리게 되거든요.

11 색칠된 정육면체

여섯 개의 면이 각각 다른 색깔로 칠해진 정육면체가 있어요. 아래 3개의 그림은 이 정육면체를 각각 다른 방향에서 본 거예요. 세 번째 그림의 바닥에는 어떤 색이 칠해져 있을까요? (힌트 : 머릿속으로 정육면체를 돌리는 장면을 그려 봐요.)

12 종이를 통과하기

엽서 크기의 종이에 구멍을 만들어서 사람이 그 속으로 통과할 수 있게 해 봐요. 이런 구멍을 만드는 데는 어떤 규칙이 있어요.

수학의 세계

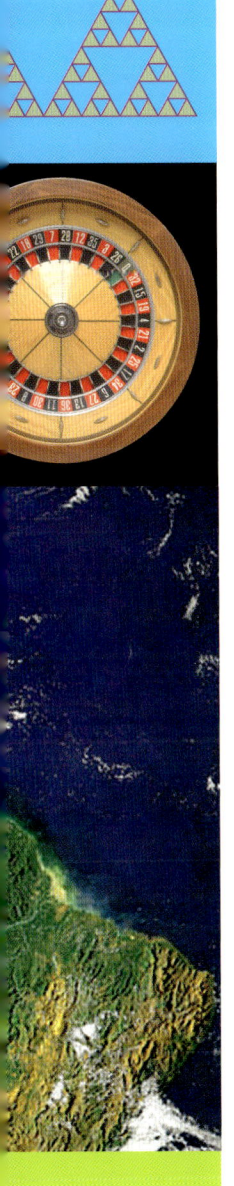

위대한 과학자 갈릴레오는 다음과 같이 말했어요.

"우주에 있는 모든 것은
수학의 언어로 쓰여 있다."

분명히 수학은 우주의 비밀을 밝히는 데 많은 도움을 줬고,
문명의 발달을 이끌어왔어요.

수학이 새로운 분야를 개척해 나감으로써
세계가 발전해 왔어요. 수학은 그 가지를 많이 쳐서
카드 게임에서 날씨에 이르기까지,
미술에서 철학에 이르기까지, 오늘날 문화의
모든 분야를 이해하는 데 도움을 주고 있어요.
수학적 사고는 우리가 세계의
모든 부분을 이해하도록 도와주지요.

수학은 재미있는 놀이로 가득 차 있어요.
이런 놀이를 통해 내일의 수학자가 자라나지요.
아마 여러분 중에도 수학자가 될 사람이 있을 거예요.

기회를

길을 걷다가 번개나 운석에 맞을 가능성은 어느 정도나 될까요? 또 날아가는 비행기에서 창문 밖으로 날고 있는 돼지를 보거나, 그 돼지와 부딪힐 가능성은 얼마나 될까요? 이런 질문에 정확하게 답하기 위해서, 확률이라는 수학의 분야가 필요해요.

더 알아보기

최고의 내기

도박장 주인이 어떻게 그렇게 많은 돈을 벌까요? 답은 간단해요. 도박장 주인은 자신에게 유리하게 규칙을 정해 놓았어요. 룰렛 위의 녹색으로 표시된 '0'에 공이 멈추면, 아무도 이길 수 없어요. 여러분이 어떤 수를 말해서 이길 확률은 37분의 1이에요. 하지만 도박장 주인은 당신이 승리했을 때, 단지 36배만 돈을 지불해요. 그래서 평균적으로 도박장 주인이 항상 유리하죠.

원주율과 이쑤시개

확률과 원주율(π) 사이에는 흥미로운 연관성이 있어요. 이쑤시개를 같은 간격의 평행선이 그어진 종이 위에 던졌을 때, 이쑤시개가 선에 닿을 확률은 $\frac{2}{\pi}$ 또는 약 0.64예요. 아래의 그림에서도 보면, 22개의 이쑤시개 중 약 14개(0.64×22=14)가 선에 닿아 있지요. 여러분도 한번 해 봐요.

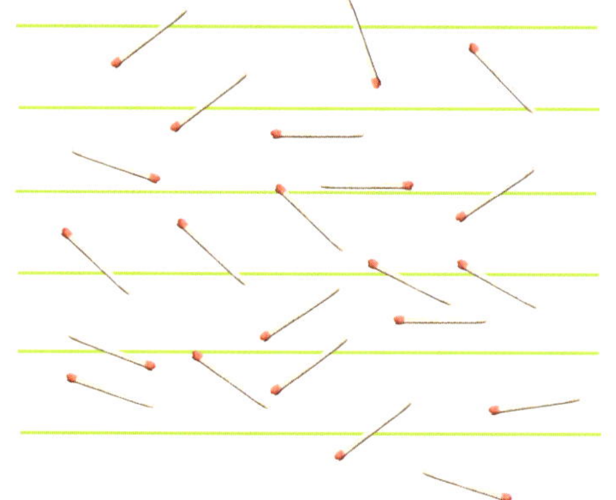

확률이란 무엇일까?

확률은 0부터 1까지의 수로 나타내요. 0의 확률은 어떤 일이 절대로 일어나지 않는다는 것을 의미해요. 1의 확률은 어떤 일이 반드시 일어난다는 것을 의미해요. 그리고 0과 1 사이의 값은 어떤 일이 일어날지도 모른다는 것을 의미해요.

예를 들어서, 동전을 던졌을 때 앞면이 나올 확률은 반 또는 0.5예요.

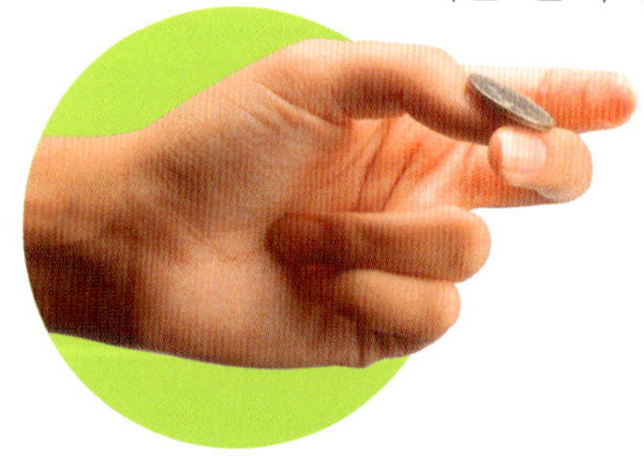

멘델의 수

1850년에 오스트리아의 수도사인 멘델은 놀라운 발견을 했어요. 멘델은 자주꽃 완두와 흰꽃 완두를 교배했어요. 그 결과, 1세대 완두는 모두 자주색 꽃을 피웠어요. 흰색 꽃은 전혀 나오지 않았죠. 다음에 멘델은 1세대인 자주꽃 완두끼리 교배했어요. 새로운 세대들은 1세대로부터 자주색만 물려받거나, 자주색 하나 흰색 하나, 흰색 하나 자주색 하나, 흰색만 둘인 유전인자를 물려받을 수 있어요. 자주색이 하나라도 있다면 흰색을 누르고 자주색으로 나타날 거예요. 따라서 흰색이 나타날 확률은 4분의 1이죠. 이렇게 해서 멘델은 유전의 법칙을 발견했어요.

잡아라

행운의 법칙

수학에서 확률 문제를 풀 때 도움이 될 만한 것을 말해 줄게요. 확률의 문제에서, '또는' 과 '그리고(과, 와)' 라는 말을 주의하세요. '또는' 이라는 말이 있으면, 답을 구할 때 각각의 확률을 더해야 해요. 주사위를 굴려서 눈의 수가 1 또는 2가 나올 확률은 $\frac{1}{6}+\frac{1}{6}=\frac{1}{3}$ 이에요. '그리고(과, 와)' 라는 말을 보면, 답을 구할 때 곱셈을 해야만 해요. 예를 들어서, 크고 작은 주사위 2개를 굴려서 눈의 수가 6과 6이 나올 확률은 $\frac{1}{6}\times\frac{1}{6}=\frac{1}{36}$ 이에요.

똑같은 순서가 되도록 카드를 칠 수 있을까?

카드 한 벌을 잘 섞을 때, 어떤 특별한 순서로 차례로 쌓일 확률은 얼마나 될까요? 답은 카드 전체 수를 조합한 수 분의 1의 확률이에요. 카드의 전체 수를 조합한 수는 다음과 같이 계산할 수 있어요.

$52\times51\times50\times49\times\cdots\times1$ (이런 계산을 간단히 52!라고 쓰기로 약속되어 있어요.)

이것을 계산하면 아주 큰 수가 나와요. '8000만조조조조조' 가 돼요. 따라서 카드가 어떤 특별한 순서로 차례로 쌓일 확률은 '8000만조조조조조' 분의 1이 돼요. 그러므로 여러분이 지금 카드를 잘 섞어 놓는다면, 우주 전체의 역사에서 지금까지 또는 앞으로 누구도 결코 여러분이 섞은 카드의 순서와 완전히 똑같이 되도록 카드를 섞지 못할 거예요.

위험한 일

어떤 사람들은 벼락은 두려워하면서도, 담배 피우는 것은 좋아해요. 하지만 그들이 확률을 이해한다면 달라질 거예요. 아래의 표는 유럽과 북아메리카 사람들을 대상으로 여러 가지 원인으로 죽을 확률을 보여 줘요.

사망 원인	확률
하루에 담배 10개비 피움	200분의 1
심장 발작	300분의 1
자동차 사고	4000분의 1
독감	5000분의 1
추락사	16000분의 1
축구 경기 중 사망	25000분의 1
살인	100000분의 1
벼락에 맞음	1000만 분의 1
운석에 맞음(추측)	1조 분의 1

약삭빠른 뺑뺑이

계속 승리할 수 있는 확률 게임을 가르쳐 줄게요. 오른쪽 그림과 같이 두꺼운 종이로 육각형을 4개 만들어 거기에 숫자를 써요. 각 뺑뺑이의 중앙에 이쑤시개를 꽂고, 친구에게 "이 4개의 뺑뺑이 중에서 아무거나 네가 먼저 골라서 돌려."라고 말해요. 뺑뺑이에 적힌 수의 합은 모두 24씩이므로, 게임은 공평하게 생각되죠. 친구가 고른 뺑뺑이에서 가장 큰 수가 어느 것인지 살펴봐요. 그리고 여러분은 친구가 고른 뺑뺑이 수보다 바로 다음 큰 수가 들어 있는 뺑뺑이를 골라요. (만약 친구가 8이 적힌 뺑뺑이를 고르면, 여러분은 5가 적힌 뺑뺑이를 골라요.) 이 게임에서 여러분이 승리할 확률은 3분의 2나 돼요.

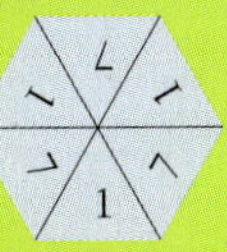

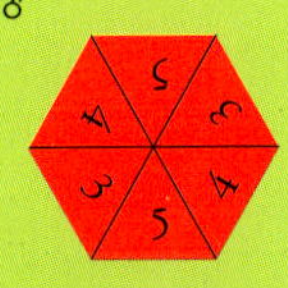

브라질에서 펄럭인 나비의 날갯짓이

카오스

혼돈의 수학

어떤 일은 수학을 약간만 이용해도 쉽게 예측할 수 있어요. 예를 들어서 행성들이 100년 후에 정확히 어디에 있을지, 또 다음 크리스마스 때 조수가 얼마나 높게 일어날지도 알 수 있어요. 하지만 어떤 일들은 예측이 거의 불가능해요. 예를 들어서, 핀볼이 어디로 갈 것인지 또는 일주일 안에 날씨가 어떻게 될 것인지 하는 일들 말이에요.

태풍 경고

이렇게 예측이 불가능한 이유는 카오스라는 수학적 현상 때문이에요.

카오스란 무엇일까?

혼돈 상태에 있는 현상에는, 초기 조건의 사소한 차이에 의해 전혀 엉뚱한 결과가 나와요. 튕긴 공들이 제각각 다른 길로 튀어나가는 핀볼은 카오스를 잘 보여 줘요. 처음에 놓인 공의 위치나, 스프링을 당기는 힘이 조금만 달라도, 공이 튀어나가는 방향이 크게 달라지죠.

우주적인 규모로 생각할 때, 수십억 년 이상 동안 우주를 운행하는

텍사스에 폭풍을 몰고 온다.

카오스 진자를 만들자

긴 끈에 매달린 추가 왼쪽 오른쪽으로 흔들리는 것을 진자라고 해요. 보통의 진자는 흔들림을 예측할 수 있어요. 하지만 자석을 이용한 '카오스 진자'는 예측이 완전히 불가능해요. 막대자석으로 추를 만들어서, 탁자 위에 매달아 놓아요. 그리고 탁자 아래에 3개 이상의 자석을 고정시켜 놓아요. 이때 진자가 자석을 건드릴 수 없도록 해요. 자! 추를 흔들어 봐요. 어떤 일이 일어날까요?

허리케인의 시작

날씨는 마치 핀볼처럼 초기 조건의 작은 차이로 인해 전혀 다른 결과가 나타나요. 날씨를 예측할 때 일기예보관들은 초기 조건의 작은 차이가 4~5일 이후에 완전히 다른 결과가 된다는 것을 발견했어요. 이것은 마치 '브라질에서 펄럭인 나비의 날갯짓이 텍사스에 폭풍을 몰고 온다.'는 것이나 같다고 해서 '나비 효과'라고 해요. 여러분이 눈을 깜빡거리는 것 때문에 하와이에서 허리케인이 일어나거나, 타이완에서 태풍이 불지도 몰라요.

욕실에서의 카오스

수도꼭지를 천천히 틀면 카오스를 볼 수 있어요. 먼저 물방울이 똑똑 떨어지게 수도꼭지를 살짝 틀어요. 다음에는 물방울이 좀 더 많이 떨어지도록 해요. 이번에는 물방울이 끊어지지 않고 가늘게 이어져서 나오도록 해요. 그리고 물이 줄줄 흐르다가, 마구 쏟아지도록 수도꼭지를 틀어 봐요. 어때요? 물이 콸콸 흐르고, 소용돌이 치고, 튀기지요. 이것은 물의 흐름이 혼돈이 되었다는 것을 의미해요. 이와 같은 일은 촛불을 끌 때도 일어나요. 연기의 부드러운 흐름은 처음 잠깐 동안은 예측 가능하지만, 어느 순간 갑자기 혼돈 상태로 변하고, 복잡한 형태가 되어요.

지구와 다른 행성들의 움직임은 핀볼처럼 혼돈 상태예요.

별난 프랙털

약 100년 전까지만 해도 수학은 삼각형이나 원과 같이 완전한 모양들만 연구했어요. 하지만 실제 세계에서는 이런 완전한 모양은 거의 볼 수 없어요. 자연 속에 존재하는 모양들은 구불구불한 해안선이나 삐죽삐죽한 산처럼 일정하지 않고, 아주 복잡해 보여요. 원은 확대해서 보면 그 선이 매끄럽고 평평해 보여요. 하지만 주변에 있는 산을 생각해 봐요. 멀리서 보면 단순해 보이지만 가까이 다가갈수록 더욱 삐죽삐죽하고 복잡해 보이죠. 1975년에 수학자 만델브로는 이런 모양들을 끝없는 뒤범벅이라고 하고, 프랙털이라고 불렀어요.

만델브로 집합

만델브로는 허수를 이용해 컴퓨터 그래픽으로 그래프를 그려서, '만델브로 집합'이라는 프랙털 형태를 만들었어요. 이것은 수학에서 가장 복잡한 형태라고 해요. 이 모양의 어느 부분을 확대해도, 다시 전체의 모습이 되는 만델브로 집합이 계속해서 보여요. 결국 만델브로 집합이란 계속 되풀이해 가면서 무한한 변화 속에 같은 기본적 도형이 나타나는 거예요.

프랙털 브로콜리

하나의 규칙에 따라 본래의 자기 자신의 모습을 축소 복사해 가는 과정을 무한히 반복하면서 얻는 프랙털을 '자기닮음'이라고 해요. 브로콜리와 꽃양배추는 자기닮음 프랙털이에요. 꽃양배추 머리의 작은 꽃들 그리고 그 속에 있는 작은 꽃들은 전체 꽃양배추의 머리 부분과 같은 모양이에요. 로마네스크 브로콜리는 만델브로 집합을 잘 보여 주지요.

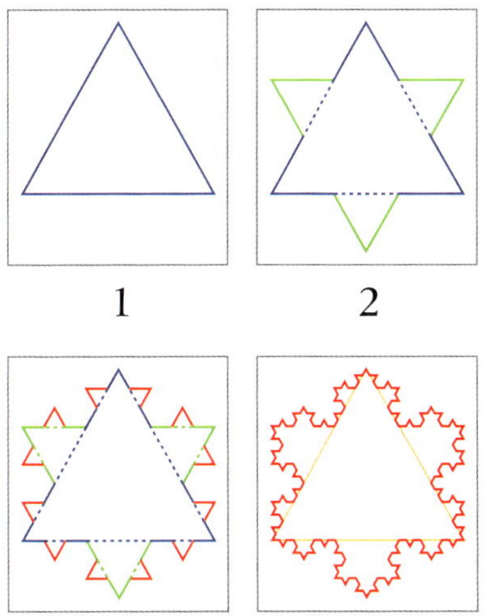

코흐 눈송이

정삼각형을 그린 후에, 각 변을 3등분하여 가운데 선분으로 다시 정삼각형을 그려요. 이 일을 영원히 계속한다고 생각해 봐요. 이렇게 무한히 계속하면, 결국 이 도형의 모든 부분은 곡선으로 바뀌어요. 이것은 **코흐 눈송이**라는 프랙털 도형이에요. 이 복잡한 프랙털은 둘레의 길이가 무한히 길어요. 하지만 유한한 넓이를 가져요.

삼각형 속에 삼각형 속에 삼각형

프랙털을 만드는 또 다른 간단한 방법은 정삼각형 속에 계속 정삼각형의 구멍을 뚫어가는 거예요. 이 일을 영원히 계속해 나가면, **시에르핀스키 개스킷**이라는 프랙털 도형이 만들어져요. 파스칼의 삼각형을 기억하나요? 파스칼의 삼각형 수 중 2 또는 3의 배수에 색칠해 봐요. 그럼 시에르핀스키 개스킷과 비슷한 모양이 나올 거예요.

구불구불한 해안선

북아메리카 대륙의 해안선 길이는 얼마나 될까요? 해안선은 프랙털 선이라 이 질문에 간단히 대답할 수 없어요. 간단하게 지도에서 재어 보겠다고요? 하나의 답을 구할 수 있겠죠. 하지만 더 자세한 지도를 보면 해안선은 더 구불구불하게 보일 거예요. 물론 길이도 더 길어지고요. 또 다른 방법은 실제로 해안선을 따라 차로 달리거나, 걸으면서 직접 재어 보는 거예요. 그럼 지도를 이용할 때보다 길이가 훨씬 더 길게 나올 거예요. 이렇게 점점 더 가까이 갈수록 측정값이 더 커지는 걸 프랙털 차원이라고 해요.

서리

자연에서 가장 흔히 볼 수 있는 프랙털은 나뭇가지의 갈라지는 모양이에요. 나무 둥치가 나뉘어 큰 가지가 되고, 큰 가지가 갈라져 작은 가지가 되고, 그 작은 가지가 갈라져 또 더 작은 가지가 되지요. 이런 형태를 덴드리틱이라고 해요. 고사리의 잎, 강과 지류들, 몸속에 있는 혈관 등은 모두 덴드리틱 프랙털이에요.

논리

수학의 여러 분야 중 논리는 수나 도형보다도 더 많이 생각을 해야 해요. 문제가 주어지면, 답에 도달할 때까지 계속 생각을 이어 나가요. 그럼 논리 문제를 해결할 수 있을 거예요.

더 알아보기

논리학의 이용

때때로 실제로 해 보는 것보다 생각만으로 문제를 더 빨리 해결할 수 있어요. 다음 예를 한 번 봐요. 체스판에는 가로, 세로 8개씩, 모두 64개의 정사각형이 있어요. 아래의 체스판은 대각선으로 마주보는 두 귀퉁이의 정사각형을 하나씩 잘라낸 거예요. 이제 정사각형은 62개가 남았죠. 그럼, 체스판을 정사각형 2개짜리인 도미노 31개로 완전히 덮을 수 있을까요? 도미노를 일일이 놓아 보면서 문제를 풀겠다고요? 그 방법으로는 영원히 문제를 풀 수 없을지도 몰라요. 논리적으로 생각해 봐요. 그럼 단숨에 문제를 풀 수 있답니다 .

(힌트 : 잘려나간 2개의 정사각형은 각각 어떤 색인가요?)

패러독스(역설)란 무엇인가?

논리적으로 자기모순에 빠진 문장을 패러독스라고 해요. 지금 북극을 향해 걷고 있다고 상상해 봐요. 나침반을 보면서 북쪽을 향해 걸어가면, 왼쪽이 서쪽이죠. 그런데 북극을 가로질러 건너편으로 걸어간 후에, 그 쪽에서 북극을 바라보면, 서쪽은 반대편으로 뒤바뀌게 돼요. 불가능해 보이죠? 하지만 정말이에요.

또 다른 예를 살펴봐요. 한 이발사가 다음과 같이 말했어요. "이 마을에서 자기가 직접 면도를 하지 않는 사람의 면도는 모두 내가 한다." 그럼 이발사의 면도는 누가 해 줄까요?

논리 퍼즐

사형 집행 날짜

판사가 큰 범죄를 저지르고 감옥에 갇힌 범인에게 일주일 안으로 하루를 잡아서 정오에 사형 집행을 하겠다고 했어요. 그리고 범인이 사형 집행 날짜를 절대로 알 수 없게 하겠다고 했어요. 그 범인은 잠시 생각하다가 슬며시 웃으면서 말했어요. "나는 사형당하지 않을 겁니다." 왜 그런 말을 했을까요?

호랑이

인도에 사는 한 엄마와 아들이 밭에서 일을 하고 있었어요. 갑자기 호랑이가 숲에서 튀어나와서, 아들을 넘어뜨리고는 발로 눌렀어요. 그러자 엄마가 다급하게 "내 아들을 놓아줘." 하고 외쳤어요. 호랑이는 "네가 이 아이의 운명을 정확히 예측할 수 있다면, 이 아이를 살려 주겠다. 내가 이 아이를 잡아먹을까, 안 잡아먹을까?" 하고 말했어요. 자! 엄마는 뭐라고 예측했을까요?

오른쪽에 적힌 말은 진실이다.

나는 생각한다. 고로 나는 존재한다.

프랑스의 수학자 데카르트(1596~1650)는 논리를 잘 이용했어요. 그는 자신의 존재를 확실히 증명할 수 있는 유일한 길은 논리를 이용하는 것이라고 믿었으며, 이 사실을 다음과 같이 요약했어요.

"나는 생각한다. 고로 나는 존재한다."

데카르트는 '데카르트 좌표'를 발명해서 유명해졌어요. 그의 위대한 업적은 모두 침대 위에 누워서 이루어졌다고 알려져 있어요.

세 개의 문

텔레비전 쇼 프로그램에 출현했다고 상상해 봐요. 진행자가 당신에게 닫혀 있는 3개의 문을 보여 주면서, 이 중에는 빛나는 검은 스포츠카가 들어 있는 문이 하나 있다고 말했어요. 그리고 만약 그 문을 찾아내면 그 스포츠카를 상으로 주겠다고 했어요. 그래서 문 하나를 선택했어요. 차가 어디에 들어 있는지 아는 사회자는 선택한 문을 열지 않고, 다른 문을 하나 열면서 그 속이 비어 있는 것을 보여 주었어요. 그리고 마음을 바꿔서 다른 문을 선택하길 원하는지 물어보았어요. 여러분이라면 어떻게 하겠어요?

세 개의 모자

세 자매인 A, B, C양이 모두 모자를 쓰고 있어요. 세 명 모두 검정이나 하양 모자를 쓰고 있지만, 모두가 하양 모자를 쓰고 있지는 않다는 것을 알고 있어요. A양은 B양과 C양이 쓴 모자를 볼 수 있어요. B양은 A양과 C양이 쓴 모자를 볼 수 있어요. 하지만 C양은 눈가리개를 하고 있어요. 세 명 모두에게 각각 "당신이 어떤 색 모자를 썼는지 알고 있나요?" 하고 물어보았더니, 다음과 같은 순서로 대답했어요.

A : 아니오.

B : 아니오.

C : 예.

C양은 자기가 쓴 모자의 색을 어떻게 알 수 있었을까요?

제논의 패러독스

그리스의 철학자 제논은 무한을 포함하는 패러독스를 생각했어요. 아킬레우스와 거북의 달리기 경주에 관한 문제예요. 아킬레우스는 그리스 신화에 나오는 영웅으로 가장 발이 빠른 사람이에요.

아킬레우스가 거북보다 10배 더 빠르다고 생각해 봐요. 대신 거북은 아킬레우스보다 10m 앞에서 출발하기로 했어요. 아킬레우스가 거북이 있던 10미터 지점까지 달려가는 동안, 거북은 1미터를 이동하므로, 아킬레우스와 거북 사이의 거리는 여전히 떨어져 있어요. 계속해서 아킬레우스가 1미터를 달리는 동안, 거북은 10분의 1미터를 이동해요.

이런 식으로 계속 따져 보면, 거북은 항상 아킬레우스보다 얼마만큼 앞서 나가게 되지요. 결국 논리적으로 아킬레우스는 거북을 따라잡을 듯하면서도 영원히 따라잡을 수 없을 것처럼 보여요. 하지만 상식적으로는 아킬레우스가 금방 거북을 따라잡을 수 있다는 것을 알 수 있어요.

이 문제는 무한의 개념을 이해하지 못했던 그리스 사람들을 당황스럽게 했어요. 그들은 시간과 공간이 무한히 나누어질 수 있다고 생각했어요. 그리고 무한의 합은 무한이라고 생각했지요.

이 문제는 1600년대에 스코틀랜드 수학자인 제임스 그레고리가 계속 같은 비율로 감소하는 무한수의 합은 유한한 값으로 표시할 수 있음을 보여 줄 때까지 풀리지 않는 문제로 남아 있었어요.

수학을 이용한 미술 작품

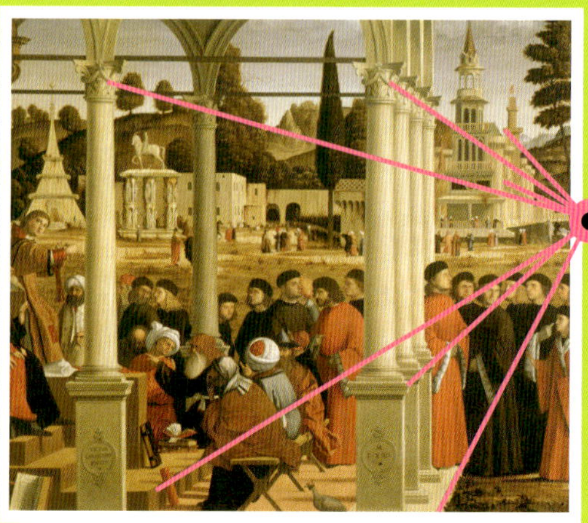

소실점

르네상스 시대 동안, 화가들은 2차원인 평면 위의 그림이 3차원적으로 보일 수 있도록 수학을 이용했어요. 화가들은 멀리 있는 물체는 작게 그리고, 가까이 있는 것과 멀리 있는 것들을 연결한 선은 한 점에서 만나야만 한다는 것을 깨달았어요. 이 점을 소실점이라고 해요. 위의 그림은 카르파초가 1514년에 그린 그림으로, 소실점은 그림의 오른쪽에 있어요.

3차원 착시 효과를

네덜란드의 그래픽 아티스트인 에셔는, 이전의 사람들이 그림을 3차원으로 보이게 하려고 만든 수학적 규칙성을 일부러 깨어 버림으로써, 실제로는 있을 수 없는 불가능하고 환상적인 세계를 창조했어요. 에셔는 그림을 그릴 때, 대칭과 모자이크 방식, 그리고 무한의 개념을 사용했어요. 에셔는 이런 수법으로 가장 환상적인 수학적 화가가 되었어요.

단지 눈속임일 뿐!

이 그림은 펜로즈의 삼각형이라고 하는데, 보는 사람으로 하여금 착각에 빠지게 만들어요. 어둡게 색칠한 부분들은 3차원의 삼각형을 보려고 하는 인간의 뇌를 속인답니다. 왼쪽 그림의 세 모퉁이는 각각 90°(직각)로 만나요. 이것은 수학적으로 있을 수 없는 일이에요.

왼쪽 그림에 숨겨져 있는 해골 2개를 찾아보세요.

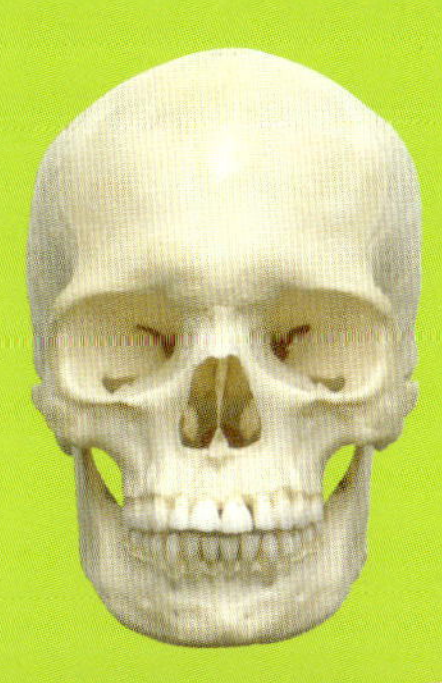

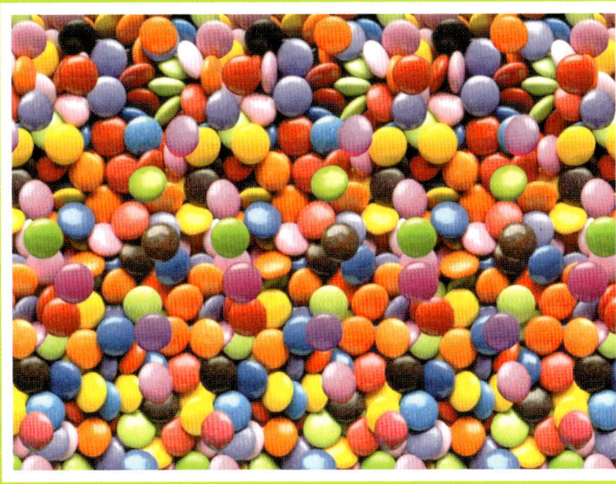

숨겨진 해골

위의 그림은 1533년 홀바인이 그린 「대사들」이라는 그림이에요. 이 그림의 바닥 부분을 보면, 마치 엿가락처럼 늘여 놓은 물체가 있어요. 이 부분을 자세히 들여다보면 해골을 볼 수 있어요. 홀바인은 이 해골을 그리는 데 원근법 기하학을 이용해서, 3차원으로 보이도록 했어요. 하지만 홀바인이 왜 이런 그림을 그렸는지는 알 수 없어요. 이 그림 속에는 또 하나의 해골이 있는데, 두 사람이 쓰고 있는 모자 중 하나에 들어 있어요.

3차원 미술

오늘날 사람들은 3차원 영상을 만들어 내기 위해서 컴퓨터를 이용해요. 위와 같은 그림은 입체화에요. 이 그림을 보면서 천천히 책을 가까이 또는 멀리 움직이면 사탕들이 공중을 떠다니는 신기한 모습을 볼 수 있어요.

내기 위해

수학을 이용한 화가들

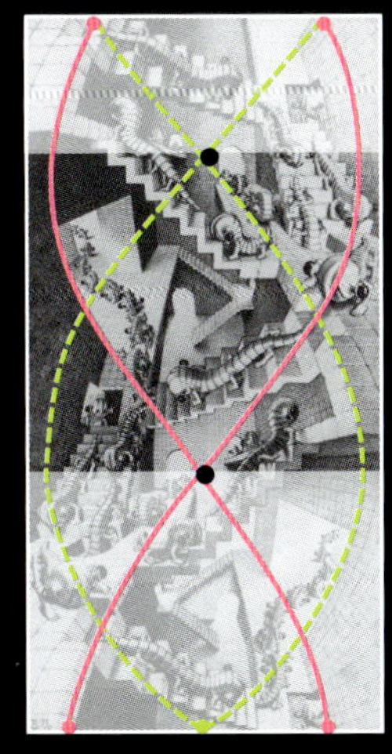

에셔의 「계단의 집」 그림은 실제로는 있을 수 없어요. 이 그림에는 2개의 소실점이 있고, 또한 평행한 두 곡선이 소실점을 둘러싸고 있기 때문이에요. 그림에서 계단을 지나는 생물들(에셔는 이 생물을 '컬-업스'라고 불렀어요.) 모두는 두 소실점 중 어느 하나로 이어져요. 그림의 꼭대기에서는 바닥의 일이 되풀이되고 있어요. 그래서 영원히 계속해서 이동하는 것처럼 생각되어져요.

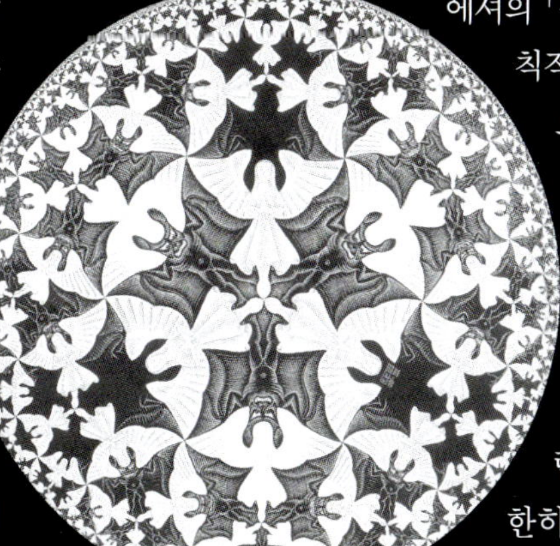

에셔의 「원 극한IV」에서 천사와 악마들은 규칙적인 '테셀레이트'로 이루어진 형식으로 분할되어 있어요. 하나의 형태를 규칙적으로 그려냄으로써, 그 사이의 공간이 교묘하게 다른 형태의 규칙적인 그림으로 나타나게 만들었어요. 에셔는 중심으로부터 바깥쪽을 향해서 뻗어나갈수록 그림을 점차 작게 그려 그림이 마치 무한히 계속되는 것처럼 보이게 했어요.

계산을 빨리 하는 비법

수학 천재가 되기 위한 비밀은 문제를 해결할 때, 보다 간단한 방법을 이용하는 거예요. 명석한 과학자에서부터 머리를 빨리 돌리는 상인에 이르기까지 수학을 잘 다루는 사람들은 모두 이렇게 한답니다. 이제부터 최고의 비법들 중 몇 가지를 알려 줄게요. 잘 연습하면, 계산기를 사용하지 않고도 머릿속으로 복잡한 계산을 할 수 있어요.

11의 계단

어떤 수에 11을 곱할 때는, 11이 10과 1의 합이라는 것만 기억하면 간단해요. 예를 들어서, 63에 11을 곱할 때는 간단히 63에 10을 곱한 수 630에, 63을 더하면 돼요. 어때요. 답이 693 맞지요!

어림 계산

머릿속으로 큰 수들을 더하는 경우, 한 수를 십의 자리까지의 어림수로 생각하면 보다 간단히 계산할 수 있어요. 예를 들어, 46과 39를 더할 때, 수 39에 1을 더해서 40으로 생각하고 46과 더하면 계산이 간단해져요. 자 보세요! 46+40=86이죠. 여기서 처음에 더했던 1을 빼주면 85가 답이 돼요.

5를 다루는 법

5에 관한 곱셈이나 나눗셈은 5가 10의 반이라는 것만 기억하면 간단해요. 예를 들어서, 5×36을 계산할 때 먼저 10×36을 계산하세요. 그럼 360이 되지요. 이 값을 반으로 나누면 답 180이 나와요. 큰 수를 5로 나누려면, 먼저 10으로 나눈 후에 2배하면 돼요. 예를 들어, 325÷5를 할 때, 먼저 325÷10=32.5를 구한 후, 2배하면 답 65가 나와요.

아주 간단한 나눗셈

어떤 수가 3, 4, 5, 9, 10, 11로 나누어떨어지는지 알아보는 데는 여러 가지 방법이 있어요.

✱어떤 수가 3으로 나누어떨어지는지 알아보려면, 각 자리의 숫자를 모두 더해요. 이렇게 더한 수가 3의 배수가 되면 처음 수는 3으로 나누어떨어지는 수예요. 예를 들어서, 192는 틀림없이 3으로 나누어떨어져요. 왜냐하면, 1+9+2=12 이거든요.

✱어떤 수가 4로 나누어떨어지려면, 그 수의 끝의 두 자리 숫자가 00이 되거나, 4의 배수가 돼야 해요.

✱어떤 수가 5로 나누어떨어지려면, 그 수의 끝자리의 숫자가 5나 0이 돼야 해요.

✱어떤 수가 9로 나누어떨어지는지 알아보려면, 각 자리의 숫자들의 합이 9의 배수가 되는지 알아보면 돼요. 예를 들어서, 201915는 틀림없이 9로 나누어 떨어져요. 왜냐고요? 2+0+1+9+1+5=18이거든요.

✱어떤 수가 10으로 나누어떨어지려면, 끝자리의 숫자가 0이 되는지 확인해 봐요.

✱어떤 수가 11로 나누어떨어지는지 알아보려면, 가장 왼쪽의 숫자에서 바로 옆 자리의 숫자를 빼고, 그 다음 숫자를 더하고, 그 다음 숫자를 빼고…… 이렇게 계속 계산해요. 만약 답이 0이나 11이 된다면 그 수는 11로 나누어떨어지는 수예요. 그럼 35706은 11로 나누어떨어지나요? 3−5+7−0+6 = 11이므로 답은 '예' 랍니다.

1 '9' 라고 쓴 종이를 봉투에 넣고 닫아요.

2 그 봉투를 친구에게 주고, 잘 가지고 있으라고 해요.

3 계산기를 친구에게 주고, 친구네 집 전화번호 숫자 중 끝의 두 수를 찍으라고 해요. 그리고 계속 해서 다음과 같이 친구에게 말하세요.

4 주머니에 있는 동전의 개수를 더해!

5 나이를 더해!

6 집의 호수를 더해!

7 형제자매의 수를 더해!

8 12를 빼!

9 좋아하는 수를 더해!

10 18을 곱해!

11 답의 숫자를 모두 더해!

12 만약 답이 한 자리 수보다 길면 각 자리의 숫자를 다시 더하라고 해요. 이렇게 계속해서 답이 한 자리 수가 될 때까지 각 자리의 숫자를 더하면, 답은 9가 될 거예요.

13 마지막으로 친구에게 봉투를 열어서 종이에 적힌 것을 읽어 보라고 해요.

위대한 수학자들

위대한 과학자이자 수학자인 뉴턴은 다음과 같이 말했어요. "내가 다른 사람보다 더 멀리 볼 수 있었다면, 그것은 내가 거인들의 어깨 위에 올라서 있었기 때문이다."

이 말은 뉴턴 자신이 다른 수학자들과 마찬가지로, 이전에 살았던 수학자들의 연구 결과가 있었기에 그 위에 자기의 연구를 쌓을 수 있었다는 것을 의미해요.

모든 것은 수로 이루어져 있다.

유레카!

아메스
약 기원전 1700년

세계 최초의 수학자라고 알려진 사람은 아메스라는 이집트 사람이에요. 기원전 1700년에 아메스는 6미터 길이의 파피루스 두루마리에 수학 문제 85개와 그 해답을 적었어요. 당시에 이집트 사람들이 곱할 수 있는 수는 2뿐이었어요. 이것은 그들이 오늘날의 디지털 시대를 가능하게 만든 이진법 체계의 선구자였음을 보여 줘요. 이 문제들은 훨씬 오래전부터 있었던 것으로, 아메스는 단순히 이걸 파피루스에 옮겨 적은 거래요.

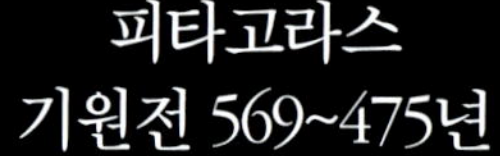

피타고라스
기원전 569~475년

그리스의 철학자 피타고라스는 수학에 바탕을 둔 비밀 종교 단체를 세웠어요. 피타고라스는 수학이 모든 것을 설명해 줄 수 있다고 믿었어요. 예를 들어, 한 옥타브 높은 음을 만들려면 악기의 줄을 반으로 줄여야 한다는 것을 증명했어요. 그는 지구가 둥글다는 것을 추리했으며, 직각 삼각형에 관한 유명한 이론을 증명했어요. 그는 영혼이 다시 살아난다고 믿어 콩을 먹지 못하게 했어요. 영혼이 콩 모양으로 생겼다고 생각했거든요.

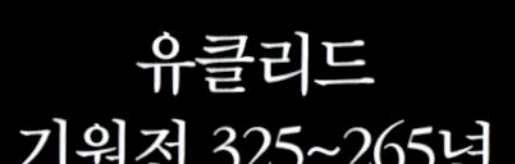

유클리드
기원전 325~265년

그리스 수학자 유클리드가 쓴 『원론』은 역사상 가장 많이 팔린 책이에요. 이 책은 수학에 관한 진리는 논리적으로 단순 명료하게 설명되어야 한다는 것을 보여 주며, 고대 그리스 시대의 250년 동안 축적된 수학이 들어 있어요. 지금까지 2000년이 넘도록, 『원론』은 전 세계에서 기하학을 가르치는 데 사용되고 있어요. 유클리드는 또한 소수들이 무한하다는 것을 증명했어요. 그리고 2의 제곱근이 무리수라는 것도 증명했어요.

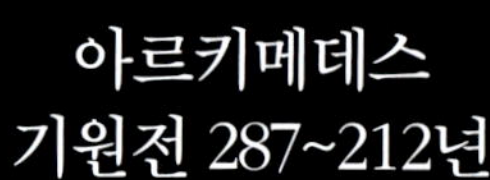

아르키메데스
기원전 287~212년

아르키메데스는 목욕을 하다가 부력의 원리를 발견하고는 기쁜 마음에 벌거벗은 채로 '유레카(알았다)'를 외치면서 거리를 뛰어다닌 걸로 유명해요. 그는 원주율이 3보다 약간 큰 수라는 걸 발견했어요. 그리고 구의 부피와 겉넓이를 구했고, 전쟁 무기들을 발명했으며, 도르래와 지렛대의 원리도 설명했어요.

아르키메데스는 이렇게 말했어요. "나에게 충분히 긴 지레와 서 있을 자리(지점)만 있다면, 지구도 움직일 수 있다."

'0, 9, 8, 7, 6, 5, 4, 3, 2, 1,
우리는 이런 인도 숫자로부터
큰 이익을 끌어냈어.'

우주는 수학의
언어로 적혀 있다.

에라토스테네스
기원전 276~194년

그리스의 철학자 에라토스테네스는 훌륭한 수학자일 뿐 아니라 천문학자이자 지리학자이고 역사학자였어요. 그는 소수를 찾는 방법을 생각해 냈고, 세계 지도와 밤하늘의 지도를 그렸으며, 윤년을 계산해 냈죠. 하지만 가장 위대한 업적은 대부분의 사람들이 지구가 둥글다는 것을 생각지도 못했을 때, 지구의 크기를 계산했다는 거예요. 그는 이 계산 값의 결과로 지구에 엄청나게 큰 바다가 있을 거라고 믿었어요. 그의 믿음은 옳았어요!

알 콰리즈미
기원전 780~850년

아라비아의 수학자 알 콰리즈미는 바그다드에 살았어요. 그가 쓴 2권의 수학책 덕분에, 인도 숫자와 0이 세계 여러 나라로 퍼져 나갔어요. 산술(arithmetic)과 연산(algorithm)이라는 용어는 그의 이름을 따서 만든 말이에요. 그리고 〈이항과 동류항 정리〉에 관한 그의 책에서 '대수'라는 말이 유래했어요. 지리학자였던 그는 세계 지도를 좀 더 자세히 만드는 일을 생각해 냈어요.

피보나치
1170~1250년

레오나르도 다 피사는 피보나치라는 별명으로 잘 알려져 있어요. 이탈리아 상인의 아들인 그는 인생의 대부분을 알제리아에서 보냈어요. 그곳에서 한 아라비아 사람을 만나서 인도식 숫자를 사용하는 방법을 배웠어요. 인도식 숫자를 이용한 계산 방법이 간단하면서 뛰어나다는 것을 확신한 피보나치는, 그에 관한 책을 써서 이탈리아에 널리 알렸어요. 또한 사변과 황금 비율을 연결하는 피보나치수열도 발견했어요.

갈릴레오
1564~1642년

갈릴레오는 망원경을 만들어 목성의 위성과 달에 있는 산을 보았으며, 그의 눈을 멀게 만든 태양의 흑점을 관찰했어요. 또한 중력의 힘을 연구했어요. 그는 높은 빌딩에서 공을 떨어뜨리는 실험을 했는데, 공이 떨어지는 시간을 알 수 없었어요. 그래서 대신 비스듬하게 경사진 판 위에 공을 굴려서, 물체가 떨어지는 거리는 그 시간의 제곱에 비례한다는 것을 증명했어요. 이것은 뉴턴이 만유인력을 발견하는 데 큰 도움이 되었어요.

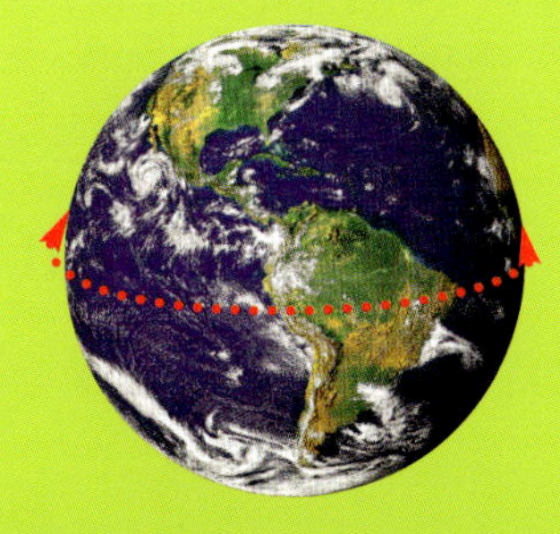

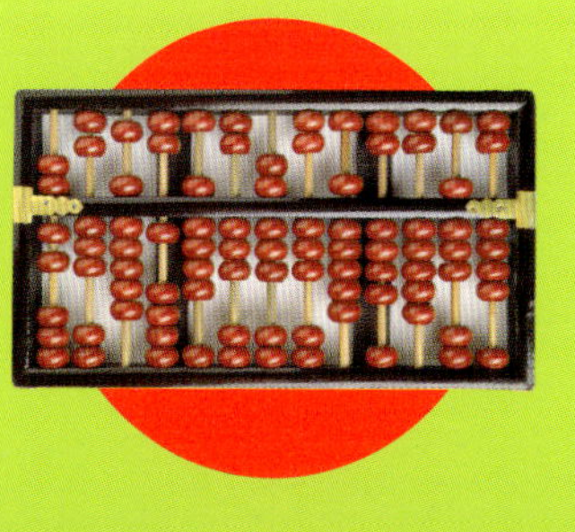

하늘이 움직이는 방식은 동물이 아니라 시계와 같다.

나는 생각한다. 고로 존재한다.

나는 인간을 보면 볼수록, 내 개를 더 좋아하게 된다.

케플러
1571~1630년

독일의 천문학자 요한 케플러는 망원경이 발명되기 이전에 그리고 행성들이 원이 아닌 타원으로 태양 주위를 돌고 있다는 사실이 발견되기 전에 이미 행성들의 길을 계산해 냈어요. 그는 행성이 태양에 가까울수록 빠르게 움직인다는 것을 보여 주었고, 태양과 행성을 연결하는 선분이 같은 시간에 만드는 부분의 넓이는 모두 같다는 것을 발견했어요.

데카르트
1596~1650년

레네 데카르트는 침대에 누워서 이리저리 날아다니는 파리를 보고 있었어요. 그리고 '어떻게 하면 파리가 이동한 위치를 잘 설명할 수 있을까' 하고 궁리했어요. 그는 공간의 각 차원(앞/뒤, 위/아래, 왼쪽/오른쪽)에 대해, 세 좌표(x와 y와 z)를 사용하면 된다는 것을 깨달았어요.
또한 미지수를 x, y, z 등으로 나타낼 것을 처음으로 생각한 사람이에요.

페르마
1601~1665년

피에르 드 페르마는 수학에서 가장 유명한 문제인 '페르마의 마지막 정리'를 발견했어요. 그는 n이 2보다 큰 정수라면 방정식 $x^n+y^n=z^n$은 풀리지 않는다는 '실로 기묘한 증명'을 발견했다고 책의 한구석에 적어 두었어요. 하지만 '여기에 그 증명을 적기에는 여백이 너무 부족하다.' 고 써 놓았어요. 그 정리가 옳다는 것을 증명하는 데는 300년 이상이 걸렸어요. 페르마가 증명했다고 한 말은 아무래도 착각이었던 것 같아요.

파스칼
1623~1662년

천재 소년 파스칼은 16세에 수학책을 썼고, 19세 때 톱니바퀴를 이용한 계산 기계를 만들었어요. 또한 페르마와 함께 도박에 대해 연구해, 확률 이론을 발견했어요. 그리고 파스칼의 삼각형을 만들어서 확률 패턴을 보여 주었지요. 31세에 종교에 깊이 빠져 수학을 포기하고 기도와 명상으로 말년을 보냈어요.

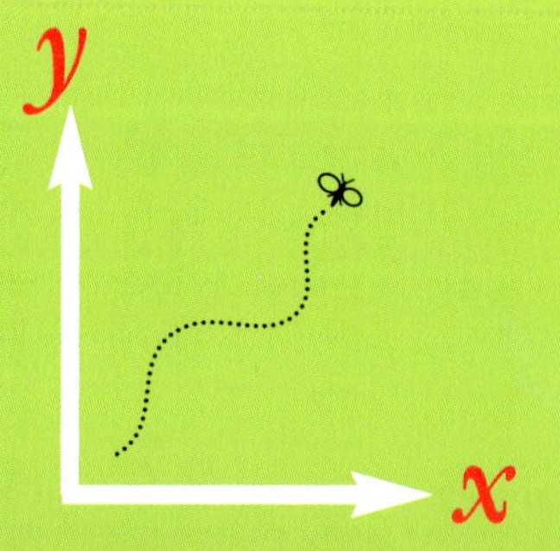

$$x^n + y^n = z^n$$

1
1 1
1 2 1
1 3 3 1
1 4 6 4 1
1 5 10 10 5 1
1 6 15 20 15 6 1
1 7 21 35 35 21 7 1
1 8 28 56 70 56 28 8 1
1 9 36 84 126 126 84 36 9 1
1 10 45 120 210 252 210 120 45 10 1
1 11 55 165 330 462 462 330 165 55 11 1

나는 인간의 광기를 계산할 수는 없지만, 천체의 움직임은 계산할 수 있다.

신은 셈한다.

최초의 생각이 엉뚱하지 않다면 희망이 없다.

뉴턴 1643~1727년

낙하하는 물체에 관한 갈릴레오의 연구와 케플러의 타원 궤도 연구에서 영감을 얻은 뉴턴은 우주의 모든 것이 어떻게 서로 끌어당기고 있는가를 연구했어요. 그리고 다음과 같이 중력을 설명했어요. '돌을 옆으로 던지면 지구 위로 떨어진다. 더 힘껏 던져도 여전히 지구 위로 떨어진다. 하지만 충분히 힘껏 던질 수만 있다면, 떨어지지 않고 계속 날아갈 것이다. 달이 바로 이와 같은 상태에 있다. 그래서 지구로 떨어지지 않는다.'

오일러 1707~1783년

스위스의 수학자 레온하르트 오일러는 지금까지 가장 많은 논문을 남긴 수학자예요. 800편 이상의 논문을 썼는데, 1766년에 앞을 못 보게 된 이후에도 많은 논문을 썼어요. 이 논문들은 그가 죽은 지 35년 후에 모두 출간되었지요. 그는 쾨니히스베르크의 다리 문제를 푼 것으로 잘 알려져 있는데, 이로 인해서 네트워크 이론이 탄생했어요. 이 이론이 없었다면 오늘날 마이크로칩은 만들어지지 않았을 거예요.

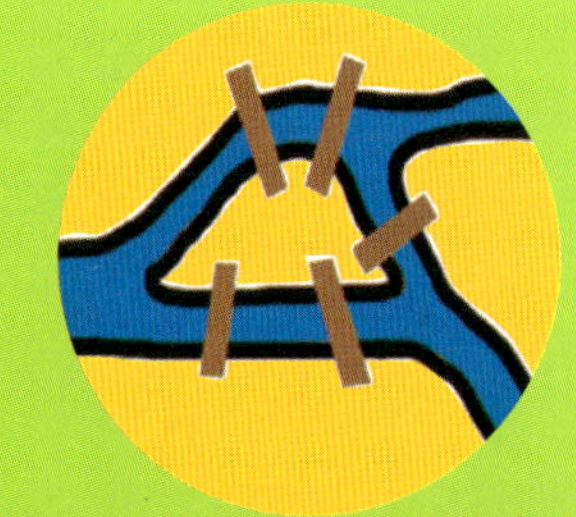

가우스 1777~1855년

가우스는 아르키메데스와 뉴턴 다음으로 역사상 세 번째로 위대한 수학자로 꼽히는데, 3살 때 아버지가 계산을 잘못하자 바로 고쳐 주었다고 해요. 학생 때는 연속되는 수의 합을 빨리 계산하는 독창적인 방법을 발견했어요. 또한 1보다 큰 모든 정수는, 소수들의 곱으로 나타낼 수 있다는 것도 증명했어요.

(8=2×2×2, 6=2×3 등등)

가우스는 유명한 사람들 중에서 장수한 사람으로 잘 알려져 있어요.

아인슈타인 1879~1955년

알베르트 아인슈타인은 빛이 일정한 속도로 움직이고, 중력에 의해 끌어당겨진다는 것을 깨달았어요. 또한 질량과 에너지를 같은 것으로 여기고, 서로 바꿔서 생각할 수 있다고 했어요. 그리고 아래와 같은 방정식을 만들어 내었어요. 이 방정식은 아주 적은 양의 질량(m)이 거대한 양의 에너지(E)와 같다는 것을 보여 줘요. 에너지는 m에 매우 큰 수인 빛의 속도의 제곱(C^2)을 곱한 값과 같기 때문이에요.

$$E = mc^2$$

답

26쪽, 27쪽: 수학 퀴즈

1. 둘
2. 숫자 하나에 100원씩 계산한 거예요.
3. 2시
4. 100
5. 1시간
6. 4마리
   나머지는 총 소리를 듣고 날아가 버렸다.
7. 12kg
8. 1시간 20분은 80분과 같다.
9. 7시에서 7시간 후의 시각을 계산한 것이다.
10. 셋
11. 한 번. 태어난 바로 그날 한 번
12. 63개

이런 문제는 거꾸로 푸는 게 좋아요. 전체의 반과 반 개를 팔았을 때 1개가 남았다면 처음 개수는 3개예요. 또 전체의 반과 반 개를 팔았을 때 3개가 남으려면, 7개가 있어야 하죠. 같은 방법으로 순서대로 15개, 31개, 63개가 돼요.

13. 세 사람이 지불한 돈은 한 사람이 9000원씩 내서, 모두 27000원이에요. 하지만 실제 음식 값은 27000원에서 종업원이 가진 2000원을 뺀 25000원이죠. 문제에서 '결국 세 사람은 9000원씩 내어 합해서 27000원이고, 종업원이 가져간 돈 2000원을 합하면 모두 29000원이 돼요.' 라고 한 부분이 잘못된 거예요. 27000원은 음식값 25000원과 종업원이 가져간 2000원을 합한 금액이에요. 그러니까 27000원에 2000원을 더하면 2000원을 2번 더하는 셈이죠. 종업원이 가진 돈 2000원에 세 사람이 돌려받은 3000원, 그리고 음식값 25000원을 더해서 30000원이 되는 것이 옳아요.

14. 두 가지 방법이 있어요.

• 첫 번째 방법

먼저 재동이와 기정이 함께 건너가요. 그리고 재동이가 횃불을 가지고 돌아오면 모두 3분이 걸리죠. 그 다음에 종구와 맹구가 함께 건너요. 그럼 지금까지 모두 13분이 걸렸어요. 그리고 기정이 횃불을 가지고 돌아오고(15분), 마지막으로 재동과 기정이 함께 건너가요(17분).

• 두 번째 방법

첫째 방법과 같은데, 처음에 건넜을 때 재동이 대신 기정이가 돌아오는 것으로 하면 돼요.

15. 불가능해요. 홀수 4개를 더하면 반드시 짝수가 돼요. 따라서 홀수인 19가 될 수 없어요.

16. 먼저 이웃에서 말을 빌려 와서 모두 12마리가 되도록 해요. 그리고 첫째 아들에게 6마리를 주고, 둘째 아들에게 3마리를 주고, 셋째 아들에게 2마리를 줘요.(6+3+2=11) 그리고 남은 한 마리를 이웃에 다시 돌려주면 되지요.

17. 3리터짜리 병에 물을 꽉 채워서 5리터짜리 병으로 부어요. 그럼 5리터짜리 병의 위쪽으로 2리터의 물이 들어갈 공간이 비죠. 3리터짜리 병에 물을 다시 채워서 5리터짜리 병이 꽉 찰 때가지 부어요. 그럼 3리터짜리 병에 1리터의 물이 남지요. 이제 5리터짜리 병의 물을 버리고, 3리터짜리 병에 남은 물 1리터를 부어요. 그리고 3리터짜리 병에 물을 또 꽉 채워서 5리터짜리 병에 부으면 돼요. 그럼 4리터가 되지요.

18. $64 \times 15625 = 1,000,000$

1,000,000을 2로 나누는 것을 6번 반복해 봐요.

19. 고칠 수 있어요.

맨 왼쪽 묶음에서 고리 한 개를 열어서, 그 고리로 가운데 2묶음의 고리를 연결해요.

OO OOOOOOO OOO

같은 방법으로 다음과 같이 고리를 연결해요.

O OOOOOOOOOOO

이제 맨 왼쪽에 남은 고리로 오른쪽 줄의 첫째 고리와 마지막 고리를 연결하면 돼요.

20. S자의 선을 하나 더 그려서 'SIX'를 만들면 돼요.

21. 1113213211.

1113213211을 앞에서 두 개씩 읽어 보면, '일이 하나, 삼이 하나, 일이 둘, 이가 셋, 일이 하나' 이고 이것을 차례로 숫자로 써 보면 바로 윗줄에 적힌 13112221이 돼요.

22. 타조 17마리, 낙타 13마리

44쪽: 사각수와 삼각수

죄수 퀴즈

1, 4, 9, 16, 25, 36, 49번 방의 죄수들만 탈출할 수 있어요.

47쪽: 파스칼의 삼각형

A로부터 B까지 가는 길은 56가지가 있어요. A를 파스칼의 삼각형의 꼭대기 줄이라고 생각하고, 알맞은 자리에 파스칼의 삼각형에 나오는 수들을 채워 봐요.

54쪽, 55쪽: 4개의 변으로 이루어진 도형

1.

2.

3. 14

대각선의 길이는 원의 반지름과 같아요. (7+7)

4.

5. 30분

C로 가는 데 걸리는 시간만큼 걸려요.

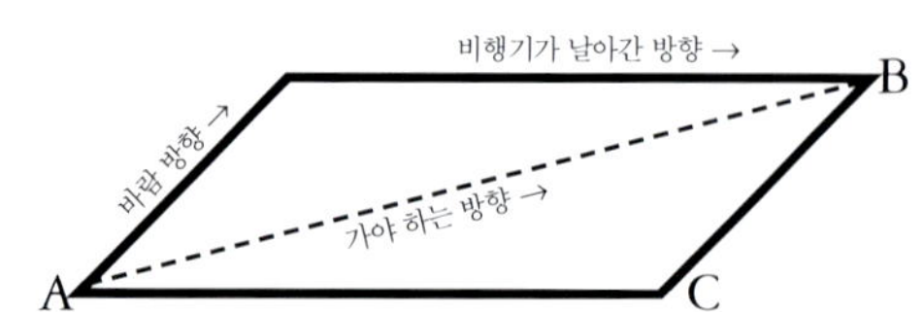

58쪽: 삼차원 도형

	면	모서리	꼭지점
정육면체	6	12	8
정사면체	4	6	4
정팔면체	8	12	6
정십이면체	12	30	20
정이십면체	20	30	12

면의 수+꼭지점의 수=모서리의 수+2

61쪽: 축구공과 버키공

정육면체 퍼즐

6번 자르면 돼요. 중앙의 정육면체가 6개의 면을 가지기 때문이죠.

62쪽, 63쪽: 돌고 돈다

굴러가는 동전

대부분의 사람들은 동전이 반 바퀴 돌아갈 거라고 생각해요. 하지만 사실은 한 바퀴 돌아가서 처음과 똑같은 모양이 되죠.

곰 사냥

흰색, 사냥꾼은 북극에 있는 것이 틀림없어요. 북극곰은 흰색이죠.

크리스마스이브에 일어난 일

그 남자는 지금 있는 공항에서 지구의 정반대편에 있는 곳으로 가는 거예요. 때문에 어느 곳을 거쳐 가든 상관없이 그곳을 거쳐서 최소의 거리로 지구 반대편으로 갈 수 있죠. 따라서 여자가 어디로 가든 상관없이, 그녀의 목적지를 거쳐서 갈 수 있어요.

분홍 고리의 넓이

넓이는 모두 같아요. 원의 반지름이 1을 단위로 점점 커진다고 생각해 봐요. 중앙에 있는 3개의 고리의 넓이는, $\pi 3^2$ 즉 9π예요. 파랑 고리의 넓이는 $\pi 5^2 - \pi 4^2$이므로 역시 9π예요.

66쪽, 67쪽: 잡아당긴 도형

위상적으로 같은 물건 찾기

도넛은 바늘, 실패, 손잡이 하나 달린 컵, 깔때기와 같아요. 럭비공은 유리컵, 축구공, 건전지, 주사위, 연필과 같고요. 스패너는 가위, 손잡이 두 개 달린 단지와 같아요. 벽돌은 어느 것에도 속하지 않아요.

뫼비우스의 띠

띠의 중앙을 따라 가위로 오리면 큰 고리가 하나 만들어져요. 또 띠 폭의 3분의 1이 되는 지점을 따라 오리면 서로 연결되어 있는 큰 고리와 작은 고리가 만들어져요.

두 개의 둥근 종이 고리

정사각형이 돼요.

수도사 퀴즈

있어요.
같은 날 산으로 걸어 올라가는 사람과 걸어 내려오는 사람을 상상해 봐요. 그들은 속도가 얼마가 되든 상관없이, 어떤 한 지점에서 반드시 서로 만나게 되겠죠.

68쪽, 69쪽: 거울상 도형

대칭 축

접착테이프 : 무한(만약 플라스틱 버팀목을 생각한다면 4개예요.)
꽃 : 대략 꽃잎의 수만큼이에요.
별 : 5개
박쥐 : 1개
가위 : 1개
게 : 0개
동전 : 7개
숟가락 : 1개

70쪽, 71쪽: 놀라운 미로

큰 미로

주사위 미로

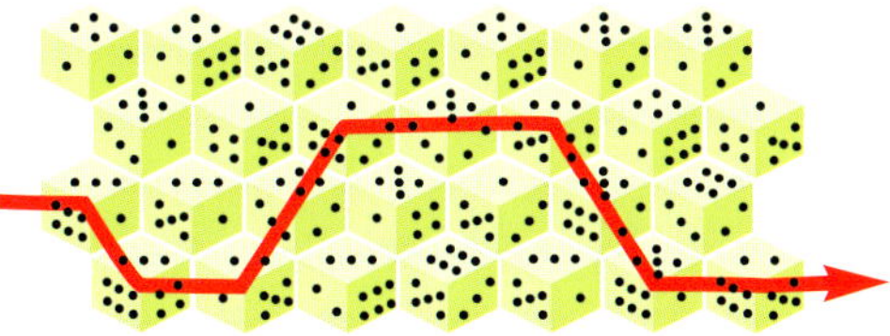

나선형 미로

점들은 모두 미로의 바깥쪽에 있어요. 점들이 안쪽에 있는지 바깥쪽에 있는지 알아내려면, 분홍점에서부터 나선형 미로의 외부로 직선을 하나 그은 후 직선과 만나는 미로 곡선의 수를 세면 돼요. 짝수 번 만나면 점이 미로 곡선의 바깥쪽에 있다는 것을 의미하고, 홀수 번 만나면 점이 미로 곡선의 안쪽에 있다는 것을 의미해요.

막대의 순서

보라색 막대부터 빨간색, 분홍색, 밝은 파랑색, 노란색, 연두색, 회색, 녹색 막대의 순서로 놓여 있어요.

12개의 원을 연결하기

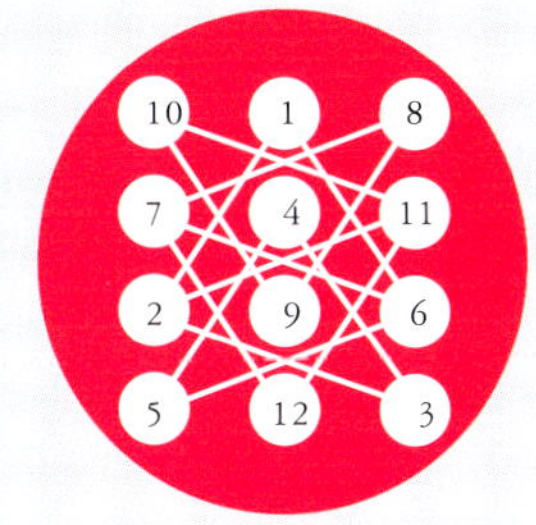

쾨니히스베르크의 다리

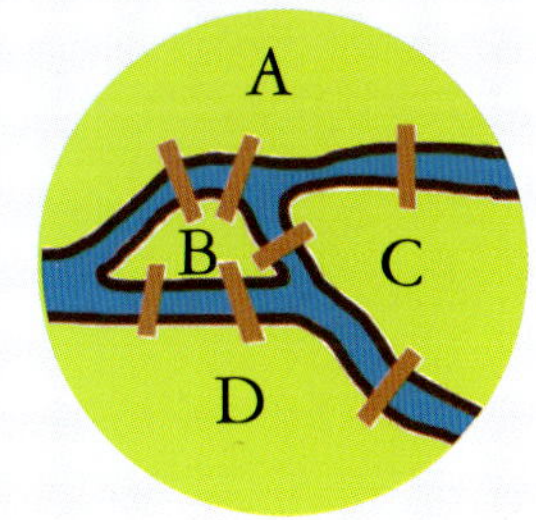

스위스 수학자 레온하르트 오일러는 1736년에 이 유명한 문제를 풀기 위해서 네트워크 이론을 사용했어요. 먼저 A, B, C, D 네 지역으로 나뉘는 도시를 상상해요. 그리고 네 도시를 꼭 한 번씩만 통과하는 방법을 생각해 봐요. 그럼 한 도시를 통과하려면 들어가고 나오는 다리가 있어야 하므로, 그 도시를 통과하는 다리는 짝수 개가 있어야 해요. 하지만 쾨니히스베르크의 네 지역의 다리는 모두 홀수 개씩 있으므로, 다리를 한 번씩만 지나서 통과할 수는 없어요. (만약 다리의 수가 두 군데만 홀수 개씩 있다면 통과할 수 있어요.)

72쪽, 73쪽: 도형 퀴즈

1. 대부분의 사람들은 문제를 보고, 계속해서 이전의 2배씩 곱한 값이 되었으므로 답도 같은 방법으로 해서 32가 될 거라고 생각해요. 하지만 답은 31이에요.

2. 알파벳 퍼즐
점선 위쪽의 글자들은 모두 직선으로만 되어 있어요. 점선 아래쪽의 글자들은 모두 곡선을 포함하고 있어요.

3.

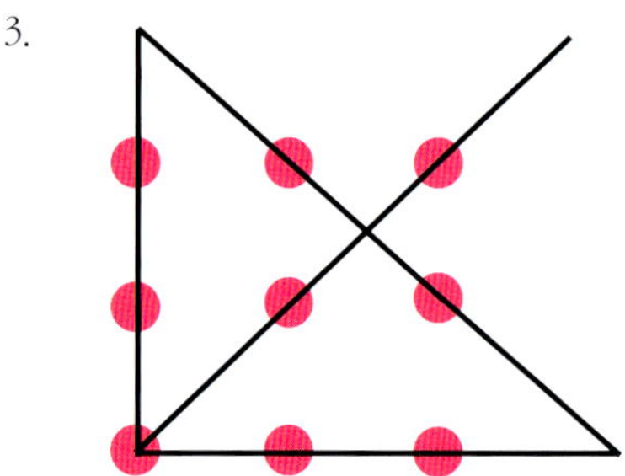

4. 먼저 케이크를 중심각이 직각이 되도록 두 번 잘라요. 그리고 위아래 층으로 나뉘도록 수평으로 한 번 잘라요.

5. 먼저 고기를 넣기 위해 햄버거 빵을 자르듯이 수평으로 한 번 잘라요. 그 다음에 두 개의 반원이 되도록 원 모양을 수직으로 한 번 잘라요. 마지막으로 두 개의 반원 모양의 빵을 가지런히 쌓아 놓고, 오른쪽 그림과 같이 한 번에 잘라요.

6. 손잡이 구멍으로 손가락을 찔러 넣어요. 그리고 큰 도넛을 손가락으로 밀면 되죠.

7.

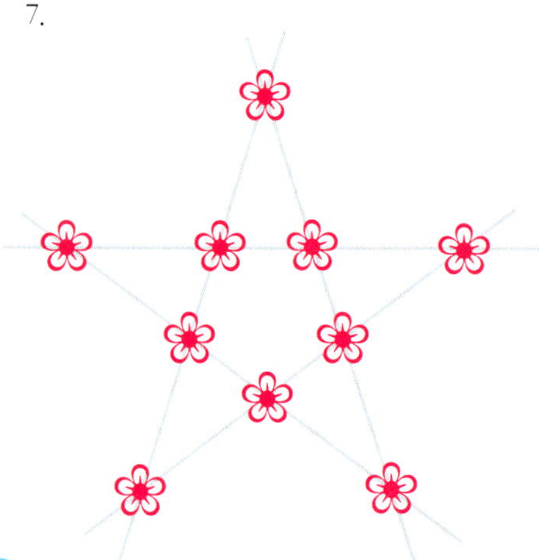

8.

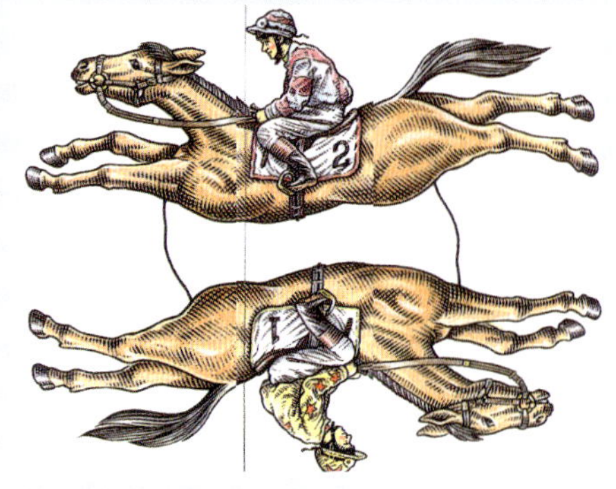

9. 탐험하는 개미
개미가 모든 모서리를 지나갈 수 있는 도형은 정팔면체예요. 정육면체나 정사면체는 지나갈 수 없어요. 모서리의 개수가 홀수로 만나는 꼭지점이 2개보다 많으면 한붓그리기를 할 수가 없어요. 따라서 문제의 조건에 맞게 개미가 지나갈 수 없죠. 이와 유사한 문제로 71쪽의 쾨니히스베르크의 다리 문제가 있어요.

10. 이 문제를 해결하는 방법은 24가지가 있어요. 그중 한 가지는 다음과 같아요.

11. 연두색

12.

82쪽, 83쪽 : 논리

논리학의 이용
도미노로 체스판을 빈틈없이 덮는 일은 불가능해요.
검은 정사각형 2개를 잘라내 버렸으니, 판에는 30개의 검은 정사각형과 32개의 녹색 정사각형이 남아 있어요. 30개의 도미노를 판 위에 놓으면 검은색과 녹색의 정사각형 30개씩을 덮게 되죠. 그리고 남아 있는 2개의 정사각형은 모두 녹색이에요. 30개의 도미노를 어떤 방식으로 놓든, 그리고 도미노로 덮이지 않은 2개의 정사각형이 어느 위치에 있든 상관없이, 그 2개의 정사각형은 녹색이죠. 도미노 하나로 녹색 정사각형 2개를 덮을 수 있는 방법은 없으므로 이 문제는 풀 수 없어요.

패러독스(역설)란 무엇인가?
이발사의 면도는 누가 해 줄까요? 아무도 해 줄 수 없어요.
이발사의 면도를 자기 자신이 한다고 가정해 봐요. 이발사는 자기의 면도를 자기가 직접 하는 사람에 속해요. 이런 사람의 면도는 이발사가 하지는 않는다고 했어요. 따라서 모순이 되죠. 이번에는 이발사의 면도를 남에게 시켜서 한다고 가정해 봐요. 이발사는 자기의 면도를 직접 하지 않는 사람에 속해요. 이런 사람의 면도는 모두 이발사가 한다고 했어요. 따라서 역시 모순이에요. 이발사는 수염을 기르는 수밖에 없어요.

사형 집행 날짜
죄수가 사형 집행 날짜를 알 수는 없어요. 하지

만 사형 집행의 마지막 날인 토요일에 사형될 수는 없어요. 왜냐하면 금요일까지 사형이 집행되지 않으면, 토요일에 집행될 것이 확실하기 때문이에요. 그럼 남은 월요일부터 금요일까지 사형이 집행돼야 해요. 하지만 금요일에도 할 수 없어요. 왜냐하면 목요일까지 사형이 집행되지 않으면, 죄수가 금요일에 사형 집행이 된다는 사실을 미리 예측할 수 있기 때문이에요. 같은 방법으로, 월, 화, 수, 목요일에도 사형 집행이 될 수 없어요. 죄수가 그 전날 미리 알기 때문이에요. 따라서 그 죄수는 결코 사형될 수 없어요.

호랑이

어머니가 "너는 우리 아기를 풀어 줄 것이다."라고 말하면, 호랑이는 자기가 원하는 대로 무엇이든 할 수 있어요. 어머니는 "너는 우리 아기를 잡아먹을 것이다."라고 말하는 것이 더 나아요. 그럼 역설의 상황이 되어서 호랑이는 아기를 잡아먹지도, 풀어 주지도 못하게 되죠. 호랑이가 잡아먹지 못하는 이유는 잡아먹으면 어머니가 호랑이가 어떻게 할지 알아맞힌 것이 되기 때문에 살려 줘야 하고, 풀어 주지도 못하는 이유는 어머니가 틀린 답을 말했기 때문에 잡아먹어야 하거든요.

세 개의 문

만약 마음을 바꾸지 않는다면, 여러분은 자동차를 받을 확률이 3분의 1이에요. 만약 마음을 바꾼다면, 3분의 2가 되죠. 대부분의 사람들이 이 답이 믿기 어렵다고 생각할 거예요. 하지만 사실이에요.

세 개의 모자

검은색

만약 B와 C가 둘 다 하얀 모자를 쓰고 있었다면, A는 모두가 하얀 모자를 쓰고 있지는 않다는 사실을 알고 있기 때문에 자기의 모자 색깔을 알게 되죠. 하지만 A는 "아니오."라고 대답했어요. 따라서 B와 C 중 적어도 하나는 검은 모자를 쓰고 있다는 말이 돼요. B는 이것을 안 상태에서 C의 모자를 봤어요. 만약 C의 모자가 하얀이라면 자신의 모자는 분명히 검정색이에요. 하지만 그렇지 않았기 때문에 B는 "아니오."라고 대답했어요. 따라서 C는 검정 모자를 쓰고 있는 것이 틀림없어요. C는 다른 자매들의 대답을 들었기 때문에 "예."라고 대답한 거예요.

육각형 딱지를 만들어 봐요.

1. 왼쪽 그림을 확대 복사한 후 그림처럼 색칠해요.
2. 중앙의 긴 선을 따라 색깔이 칠해진 부분이 바깥쪽을 향하도록 접어요.
3. 안쪽에 풀을 붙여서 완전히 말려요.
4. 노란 면이 있는 쪽이 위를 향하도록 놓고, 녹색 선이 표시된 곳을 따라 같은 색이 칠해진 삼각형끼리 마주 보도록 접어요. 그럼 둘둘 말린 모양의 짧은 띠가 돼요.
5. 이번에는 흰 선을 따라 접어서 정육각형을 만들어요. 단 한쪽 면은 모두 녹색이 되도록 하고, 다른 쪽 면은 마지막에 접히지 않은 한 개의 삼각형인 회색 부분을 제외하고는 모두 분홍색이 되도록 접어야 해요.
6. 마지막 삼각형인 회색 부분이 회색과 마주보도록 끼워 넣고, 풀로 붙여서 말려요.
7. 아래 그림과 같이 두 부분을 누르면서 꽃이 피는 것처럼 뒷부분을 활짝 열어요. 이렇게 할 때마다, 완전히 다른 색깔의 육각형 딱지가 만들어질 거예요. 6가지 색깔이 모두 만들어지게 해 봐요.

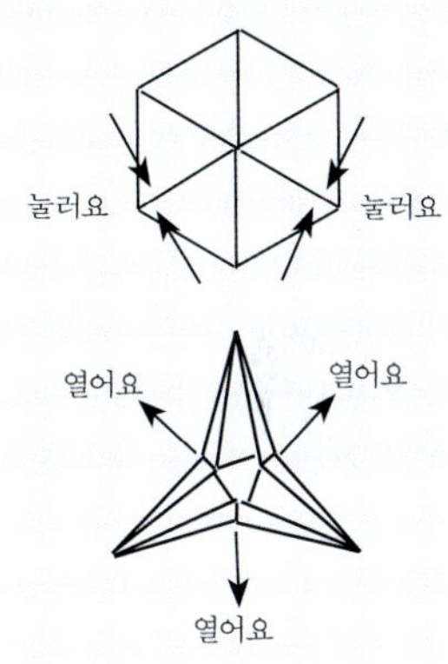

찾아보기